経済安全保障とは何か

国際文化会館地経学研究所＝編

東洋経済新報社

序章

なぜ、今、経済安全保障なのか

船橋 洋一

第1章 経済安全保障とは何か

鈴木 一人

第2章 国家戦略としての経済安全保障

細谷 雄一

第3章 日米関係と経済安全保障

神保 謙

第4章 デジタル・サイバー安全保障

村井 純

第8章 安全保障生産・技術基盤

——安全保障生産・技術基盤をいかに守り、育て、活用していくのか

尾上 定正

終章 日本の経済安全保障はどうなるのか

細谷 雄一

補論1 経済安全保障100社アンケート
―政府は企業とともに経済安全保障の実現を

富樫 真理子

序章 なぜ、今、経済安全保障なのか

船橋 洋一

1 地経学的決闘

ウクライナ戦争では、米欧日などがロシアに対して金融制裁を発動したのに対して、ロシアは欧州諸国に対してガス代金をルーブルで支払うよう強制、それに従わないというのでポーランド（対ロガス依存度46％）とブルガリア（同80％）へのガス供給を遮断するエネルギー制裁で応じた。戦争の行方、さらには交渉の行方次第では、双方の〝打ち合い〟はさらに激化し、拡大する恐れがある。それぞれが、経済社会の基幹インフラである金融とエネルギーを武器化している。地政学的目的のために経済を手段として用いる地経学的な決闘が繰り広げられているのだ。

どの国も、経済政策は完全雇用と物価の安定を旨とするが、国々の経済相互依存がグローバルに深まると、外的ショックや他国からの経済的威圧から経済を守るための経済安全保障を必要とするようになる。

資源・エネルギー、環境・脱炭素、金融・資産運用、貿易・投資、科学・技術、通信・インターネット、陸海空の輸送・運搬、医療・健康、そしてグローバル・サプライチェーンやネットワークなど経済活動は、グローバルに行われている。それらの活動は毛細管のように国々の間の経済相互依存関係を形作っており、各国はそこから便益を受ける限りにおいてそれを維持するインセンティブを有している。経済相互依存はかなりの程度、相互の自制と協力を促すことができる。それを持続的に維持、発展させるべく秩序とルールを埋め込むこともできる。それは平和の維持に資するはずである。しかし、国々の経済相互依存の度合がどちらかが相手より相当程度、高い、つまりは非対称性が存在する場合、依存度の低い方が依存度の高い方に対して強い立場に立ちうる。その非対称性をテコに外交的、地政学的な目的を達成しようとする誘惑を生みやすい。米欧日はロシアに対して金融の面で、ロシアは特に欧州に対して天然ガスの面でそうしたテコを持っている。

2　中露の「無限の協力」「棄権コーカス」、総力戦のグローバル化

もっとも、今回の地経学的決闘は米欧日対ロシアにとどまるものではない。それはより長期的かつより広範な地経学的対立の様相を示しつつある米国と中国の国際秩序とルール、さらには勢力圏をめぐる闘争の一環でもある。ウクライナ戦争においては、ロシアの背後に中国が控え、中露は米国に対する不信感と脅威感で結ばれている。中露は両国の「新しいタイプの国家関係は、冷戦時代の軍事・政治同盟のモデルより優れている」と、中露共同声明（２０２２年2月4日）で謳い上げている。しかも、中国とロシアはガスパイプラインによってますます堅くつながれつつある。それは今後30〜40年にわたって中露両国の「無限の協力」（共同声明）の下部構造を形作るだろう。

それから今回、特徴的なことは、双方に距離を置く国々が相当数存在することである。その中には、ロシアの人権委員会の資格停止を求める国連総会決議に棄権したインド、ブラジル、南アフリカのＢＲＩＣＳ構成国やインドネシア、トルコ、メキシコなどの地域の大国も含まれている。「棄権コーカス（集団）」が登場しつつあるのだ。ウクライナ戦争を「民主主義国対専制主義国の戦い」といったイデオロギー的二分法で捉えるのは物事の本質を見誤る。棄権という〝地政学的ソーシャル・ディスタンシング〟の背景には、エネルギーと食糧の供給断絶、なかでも食糧価格の上昇への不安感、反米感情と帝国主義時代の負の遺産、米中冷戦の固定化への警戒感、どちらかの〝陣営〟への二者択一を強いられることへの忌避感、などの要素が複雑に絡みついているだろう。

もう1つ、ウクライナ戦争は、金融、エネルギー・グリーン（脱炭素）、レアアース・鉱物資源、食糧・肥料、半導体などのフィジカルな分野にとどまらず、サイバーとサイバー・フィジカル、さらには政治的影響工作とディスインフォメーション、すなわちパーセプションとナラティブ――中国の言う「制脳権」――をめぐるサイバー戦、情報戦、認知戦がグローバルに戦われている。政治、軍事、経済、情報、認知を含むそれこそ総力戦のグローバル化が起こっている。これは第3次世界大戦でもあるのだ。

両大戦間の弱肉強食の時代の地政学と地経学の動態を深く洞察したE・H・カーは『危機の二十年――理想と現実』において「経済力は軍事力と孤立しては存在し得ない、その逆もまた真なりである。双方とも政治力の統合的な部分である。長期的にはどちらももう一方なしには無力である」と記したが[1]、まさにそのような力学が現出しつつある。

経済安全保障を見るときに重要なことは、「政経分離」の幻想を抱かないことである。経済安全保障は国家安全保障なしには成り立たないし、国家安全保障は経済安全保障なしには成り立たない。

3　日本の経済安全保障の3つの〝赤字〟構造

日本は、欧米諸国とともに対ロ制裁国連合に加盟している。ロシアの大手7行の国際銀行間通信協会（ＳＷＩＦＴ）からの排除、ロシアの中央銀行の外貨準備の海外運用分の凍結、ロシアに対する貿易面での最恵国待遇の停止、欧州へのＬＮＧ備蓄の緊急融通、ウクライナへの防弾チョッキの提供、ウクライナ避難民の受け入れ、などＧ７としての協調行動を実施している。

しかし、経済制裁が長期化し、それも中国を巻き込んだ米欧日ブロックと中露ブロックの対立が先鋭化すれば、世界経済はかく乱され、経済安全のリスクが大きくなることは避けられない。安全保障を米国に頼り、輸出・投資を中国に頼る日本は厳しい状況に置かれる。

一般に、一国の安全保障に関しては、〝黒字国〟と〝赤字国〟という概念が用いられることが多い――たとえば、米国は圧倒的な〝黒字国〟、ポーランドやウクライナは歴史的に〝赤字国〟というふうに――が、日本は典型的な〝赤字国〟、それも構造的な〝赤字国〟であることを忘れてはならない。

その赤字として、①エネルギー・資源の海外依存度が高い、②サイバーセキュリティが弱い、③経済制裁・経済封鎖に弱い、の３つを挙げることができる。

第１に、日本は、Ｇ７の中でも１次エネルギー自給率（２０２０年）が11％しかない（石油０％、ガス３％、石炭０％）。自給率が１００％を超える米国とカナダは別としても、英国（75％）、フランス（55％）、ドイツ（35％）、イタリア（25％）と比べても際立って低い。なかでも石油は、政情不安定な中東の産油国からの輸入が多い。輸入原油がペルシャ湾のホルムズ海峡を抜けて輸送されるいわゆるホルムズ海峡依存度（２０１８年）で見ると、日本78％、韓国63％、インド61％、中国36％である。２０１９年６月、安倍晋三首相（当時）がイラン訪問中、何者かがホルムズ海峡を運航中の日本関連船籍のケミカル・タンカーを攻撃したことは記憶に新しい。１９８０年代のイラン・イラク戦争の際、イランが石油タンカーを攻撃した事例もある。日本はまた、レアアース、コバルト、マンガン、リチウム、ガリウム、インジウム、セレン、プラチナ、ウランなどほとんどの戦略的鉱物資源を海外に依存している。

第2に、日本はデジタル革命に乗り遅れたことも関連し、サイバー戦、情報戦、認知戦の重要性と緊急性への認識が大幅に遅れた。インターネットを「民間任せ」にしたこともあり、「国家サイバー力（national cyber power）」の戦略と統治の構築になお乗り出せていない。National Cyber Security Index（ＮＣＳＩ）によると、日本は「サイバー脅威インテリジェンス」の脆弱性などもあって国家サイバーセキュリティのランキングで41位である。発電所、変電所、原子力発電所、石油コンビナート等の産業中枢、金融中枢、大規模ダム、高速鉄道、航空機、水道、大規模病院などの基幹インフラはますますサイバー・フィジカルとなっており、サイバー攻撃を受ければ、経済活動全体が麻痺する。５G時代のサイバーセキュリティはソフトウェア・サプライチェーン・セキュリティが重要になるが、日本はここが弱いとされている。サイバーセキュリティが弱い国はＣＢＤＣ（中央銀行デジタル通貨）を発行することもできないだろう。

第3に、島国であり資源小国である日本は経済制裁・経済封鎖に弱い。戦前の米政府の対日石油禁輸（１９４１年8月）はその典型的なケースである。日米開戦の時点において、日本は石油の全輸入の80％以上をなお米国から輸入していた。「石油（禁輸）は関係悪化の唯一の原因ではなかったが、それが外交武器として使われたとたん、それは敵対行動を不可避とした」とある研究者は記している。[2]　１９７３年10月のＯＡＰＥＣ／ＯＰＥＣの石油禁輸は、戦後の日本の高度成長を終わらせた。中曽根康弘通産相（当時）が言ったように、「坂の上の雲が消滅した」のである。そして、２０１０年９月の中国のレアアースの事実上の対日禁輸以降の２０１０年代、日本も世界も中国の「力の政治」、なかでもその経済的威圧に正面から晒されるようになった。

経済制裁を侵略国に対する非軍事的対抗措置として正当化したのは国際連盟規約（第16条）とそれを受け継いだ国連憲章（第41条）だが、米国もＥＵも中国も経済制裁を外交政策に組み込んでいる。日本もいざというときには経済を抑止力として使えるだけの戦略的自律性と戦略的不可欠性、そして政府と企業との戦略的対話の体制を築くときである。しかし、「制裁主義」の虜にならないように注意すべきである。[3]　国際秩序とルールを守らせようとすればするほど経済制裁を発動し、それが秩序とルールを弱めてしまう「自由経済主義の罠」にはまらないようにする必要がある。そもそも日本は、資源の安定的な輸入とシーレーンの安全を脅かされやすい地経学的に「ひよわな花」（ズビグニュー・ブレジンスキー）であることを忘れてはならない。

4　「守る」「攻める」「育てる」

日本政府は２０２２年の通常国会に経済安全保障推進法案を提出し、法案は成立した。法案は、

「安全保障の確保に関する経済施策を総合的かつ効果的に推進する」ことを目的とし、「所要の制度を創設する」ことを眼目としている。具体的には、①サプライチェーンの強靭化、②基幹インフラの安全性・信頼性の確保、③先端的技術の官民協力、④特許出願の非公開制度、の4つの課題に効果的に取り組むため制度を創設するのが狙いだ。その際、「この法律の規定による規制措置は、経済活動に与える影響を考慮し、安全保障を確保するため合理的に必要と認められる限度において行わなければならない」と定めている。

日本政府が、経済安全保障体制構築のための法制度を整備する取り組みに乗り出していることは評価できる。もっとも、今回の法整備は日本の経済安全保障を確立する上であくまで「第1歩」に過ぎない。法律では、経済安全保障を定義していない。日本の国家戦略と国家安全保障政策との関連も明確でない。経済安全保障担当大臣の使命と役割も極めて限定的である。

政府が経済安全保障政策を対米、対中、対アジア外交、ＣＰＴＰＰなどの貿易・投資戦略、さらに、グリーン・エネルギー、デジタルデータなどのグローバル産業政策とどのような整合性を持って構築するのか。その政策の戦略的方向性をより明瞭に打ち出す必要がある。その際、国産と輸入代替、安全保障と企業収益・経済成長、イノベーションと格差、抑止力とレジリエンス、といったトレード・オフと費用対効果を十分に考慮した政策を打ち立てなければならない。そこでの取り組みは、自由で、開かれ、持続的な国際秩序とルールに基づく多角的な枠組みを形成する国際主義と地政学・地経学の時代を生き抜くハードな現実主義をブレンドする営みとなるであろう。

改めて、経済安全保障の〝黒字〟／〝赤字〟ということで言えば、日本は戦後、米国が主導し、構築した国際秩序とルールという大きな〝黒字〟を享受してきた[4]。米国が内向きになり、ポピュリズムと分断の政治が広がり、中国が相互依存を武器化し、勢力圏を拡大するにつれてその〝黒字〟構造が〝赤字〟体質に変質しつつある。それをもう一度、〝黒字〟構造に作り替えることが日本の経済安全保障戦略には求められる。経済力を国際秩序とルール再構築のために戦略的に使うことを学ぶ必要がある。言い換えれば、「守る」だけでなく「攻める」ことが大切だということである。さらには、それを持続的に行うには日本の経済と産業の生産性と国際競争力の不断の向上、未来を実装するビジョンとイノベーション、そしてそのための人材と投資が不可欠である。「育てる」ということである。経済安全保障の最大の要諦は、「育てる」ことにほかならない。

以下、各章ごとにそれぞれのテーマについての状況認識と経済安全保障政策上の政策課題を記す。

第1章「経済安全保障とは何か」を執筆した鈴木一人は経済安全保障という概念が生まれた経緯を紹介しつつ、これがもっぱら国家を主体とする安全保障と異なり、企業も中心的な主体となることを強調する。鈴木は推進法の下で施行される各政策を米国などの政策と比較した上で、サプライチェーンの自律性を高めること、自由貿易を国是としつつも経済威圧などに適切に備えること、戦略的自律性を高めつつ戦略的不可欠性をも獲得することで、日本は国際的なルール作りを主導するべきと説く。

第2章　「国家戦略としての経済安全保障」において細谷雄一は、岸田政権が経済安全保障を新しい国家安全保障戦略（２０２２年12月に閣議決定）の中に埋め込むに至るまでの歴史的経緯を明らかにする。経済安全保障論の起源を１９７０年代後半に求めつつも、議論が盛り上がったのが比較的近年であり、経済や技術をめぐる米中間の覇権的対立が浮上してからだと指摘する。第４次安倍政権の下で２０２０年4月、国家安全保障局内に経済班が設置されて推進法案が準備された。日本は今後、価値を共有する諸国と多様な枠組みを活用し、国内では官民協力を前提とし、省庁横断的な政府統一的アプローチが必要と説く。

第3章　「日米関係と経済安全保障」の中で神保謙は、米国における対中政策の大きな転換を指摘し、日本における経済安全保障の枠組みが、米政府がこれまで展開してきた経済安全保障政策と軌道を合わせて展開していると指摘する。米トランプ政権は「関与政策」と呼ばれた対中政策を放棄して中国との「戦略的競争」を採用し、超党派の支持を集めるこの政策は民主党バイデン政権下でも継承、強化されている。日本は防衛装備品の移転を強化しつつ、ロボティクス、人工知能（ＡＩ）、量子技術などコア技術であり軍事力にも応用可能な軍民両用（デュアルユース）技術において経済安全保障の観点から日米などを中心に国際的な連携を推進するべきである。

第4章　「デジタル・サイバー安全保障」を執筆した村井純は、複数の国際ランキングにおいて日本がサイバーセキュリティにおいて評価が低いことに警鐘を鳴らし、その原因を１９８０年代以降のデジタル化が強力な「民主導」で始まり「民任せ」へ移行してしまったこと、国と地方それぞれ情報システムがバラバラに整備された非効率、この分野における司令塔の不在に求める。村井はセキュリティ・クリアランス制度を前提とした安全な人事の流動性と人材育成を強調し、デジタル庁の創設（２０２１年）を軸に日本がサイバー空間の国際的な責任を積極的に担うことを提唱する。

第5章　「経済安全保障とエネルギー（エネルギー安全保障）」において柴田なるみは福島原発事故やロシアによるウクライナ侵攻など、日本のエネルギー安全保障を国家的な課題として強く意識させることとなった事例に触れつつ、推進法の2本目の柱「基幹インフラ」に指定される電気・ガス・石油などのエネルギー産業分野について、規制的なアプローチによってエネルギーの安定供給、戦略的自律性を追求する「守り」の施策と評価する。資源を「持たざる国」日本は可能な限り多様な電力の選択肢を維持して最適なバランスを選択し、脱炭素を進めつつ、経済の根幹であるエネルギーの安定供給を維持しなければいけない。

第6章　「健康・医療領域の経済安全保障」において相良祥之は、新型コロナウイルス感染症がもたらしたマスクやワクチンをめぐる激しい世界的な争奪戦の実相を描き出し、健康領域と医薬品サプライチェーンの課題を提起する。日本はワクチンの開発と生産について戦略と司令塔が乱立し、自前主義を脱することができなかったが、健康危機管理の司令塔を内閣官房に常設しつつ政・官・産財・学の連携を平時から強化し、勝ち筋の技術や物資を、平時からターゲティング（特定）すべきと主張する。

第7章　「国際経済と経済安全保障——制裁・金融・通貨を中心に」を執筆した大矢伸はロシアによるウクライナ侵攻（２０２２年２月）に対し、日本を含む西側諸国が中心となり、金融制裁を含む厳しい経済制裁を科すこととなり、これが２０１４年にロシアがクリミアを併合した際の制裁よりも遥かに厳しいと評する。侵攻から２日目には、米国、ＥＵ、英国、カナダ、フランス、ドイツ、イタリアなどＧ７諸国がロシアの複数の銀行をＳＷＩＦＴから排除することを表明し、日本もすぐに参加した。ドル覇権は揺らがないものの、制裁を機に中国がデジタル人民元などを用い通貨・金融における自律を本気で志向する副作用にも注意を払う必要があろう。

第8章　「安全保障生産・技術基盤——安全保障生産・技術基盤をいかに守り、育て、活用していくのか」の中で尾上定正は、経済産業省が中心となる経済安全保障推進法と防衛省による防衛装備品の開発・生産基盤の強化法案が別建てで並走する現状に警鐘を鳴らす。２０２２年12月に決定された戦略３文書（国家安全保障戦略、国家防衛戦略及び防衛力整備計画）に明記されたとおり、政府を挙げた横断的な取り組みによって防衛産業を安全保障生産・技術基盤という国の基幹インフラへと発展させるべきであり、革新的な両用技術を有する企業を取りこんで装備移転３原則を進化させることが日本の防衛、ひいては地域の安定に寄与すると提唱する。

補論1　「経済安全保障１００社アンケート――政府は企業とともに経済安全保障の実現を」において富樫真理子はアジア・パシフィック・イニシアティブ（ＡＰＩ）の下で実施された1回目の１００社アンケートの結果を分析し、日本企業が米中板挟みなどの地政学リスクに既に晒されていることを明らかにし、政府は日米関係、日中関係の間のバランス、および安全保障と経済活動のバランスを取って方向性を明示することを求める。なお、２０２１年および２０２２年（第２回）アンケート調査についてはＩＯＧ「特集ページ」にて参照することができる。[5]

補論2　「海外から見た日本の経済安全保障の議論――アデルフィー・シリーズ刊行の背景」を執筆した越野結花は、日本が米中大国間競争の下で他国に先駆けて地経学的戦略を考え遂行してきた革新的な地経学的パワーであると論じる。そして日本は他国がモデルにするような経済安全保障の概念・テンプレートを打ち出す事ができるのか、米欧の同志国やアジアの重要なパートナー

国を巻き込むことができるか問う。アデルフィー・シリーズの日本語訳は近刊の予定である。(6)

注

(1) Edward Hallett Carr, *The Twenty Years' Crisis 1919–1939 An Introduction to the Study of International Relations*, Macmillan and Co.,Limited, 1940, p. 168.（E・H・カー『危機の二十年』原彬久訳、２０１１年、岩波文庫）

(2) Charles Maechling,"Pearl Harbor: the First Energy War," *History Today* 50, no.12, December 2000: 47.

(3) Nicholas Mulder, *The Economic Weapon The Rise of Sanctions as a Tool of Modern War*, Yale University Press, 2022, p. 293.

(4) 船橋洋一＋G・ジョン・アイケンベリー編著『自由主義の危機――国際秩序と日本』東洋経済新報社、２０２０年、１－28ページ。

(5) 国際文化会館 地経学研究所（ＩＯＧ）「経済安全保障１００社アンケート」。https://apinitiative.org/economic-security-survey/

(6) Yuka Koshino and Robert Ward, *Japan's Effectiveness as a Geo-Economic Actor: Navigating Great-Power Competition, The Adelphi Series*: 481–483, International Institute for Strategic Studies, Routledge, March 2022.

第1章 経済安全保障とは何か

鈴木 一人

近年、日増しに認知度が上がり、新聞やニュースでも多く取り上げられる「経済安全保障」だが、その定義や意味については、必ずしも広範に共有されているとはいいがたい。特に、国際的にみると、英語でeconomic securityといったときにイメージするものが各国ごとに異なっており、議論がかみ合わないこともしばしばである。

なぜこのようなイメージのくい違いが起きるのであろうか。その1つの要因に、伝統的な「安全保障」を想定した場合、「経済」がそうした安全保障上の文脈にそぐわないと考える人が多いからであろう。これまで「安全保障（security）」といった場合、「安全である状態」すなわち暴力によって攻撃や威圧を受けることがない状態をさすものであり、その手段として一義的に想定されるものは「暴力」であったからである。これはホッブズを持ち出すまでもなく、「万人の万人に対する闘争」という、暴力による支配と服従の関係が権力の基礎にあり、そうした暴力の行使を避けることこそが安全保障であり、平和であるという認識があったからであろう。

　また、経済の文脈で見れば、第２次世界大戦後の世界はＧＡＴＴ－ＩＭＦ体制の下で自由貿易の原則が確立し、冷戦の終焉に引き続くＷＴＯの設立、さらにはＥＵの拡大などによってかつての共産主義国の多くは自由貿易と市場経済の枠組みに入り、中国はそれによって急速な経済発展を遂げることとなった。こうした経済のグローバル化が広がり、相互依存が浸透する中で、経済が「安全保障」と関連するということがにわかに理解しがたい、というところもあるのだろう。資源や食糧を外国に依存する日本のような国においては、エネルギーや食糧の安定供給が安全保障上重要な課題であるという認識は以前からあったが、改めて現在、経済安全保障という議論をすることの意義が実感としてわかない、というのが現実なのであろう。

　それゆえ、本書でさまざまな角度から経済安全保障を論じる上で、経済安全保障とは何か、ということを整理しておく必要があるだろう。

1　日本における経済安全保障の概念

　日本において、「経済安全保障」という言葉が一般的に議論されるようになったのは、甘利明自民党税制調査会長（当時）が中心となって進めてきた自民党の新国際秩序創造戦略本部が、２０２

0年12月に「経済安全保障戦略策定」に向けた提言を発表し、それに基づいて2021年5月に「経済財政運営と改革の基本方針2021」に向けた提言を明らかにしてからであろう。

自民党の提言では、経済安全保障は「我が国の独立と生存及び繁栄を経済面から確保すること」と定義され、その手段として「戦略的自律性の確保」、すなわち日本の社会経済活動の維持に重要な基盤を強化し、他国に過度に依存しない状態を作ることと、「戦略的不可欠性の維持・強化・獲得」、すなわち日本の存在が国際社会にとって不可欠である分野を拡大していく、という2つの方針が示されている。

また、その方針を実現していくため、「戦略基盤産業」の脆弱性を把握・分析し、必要な措置をとって戦略的自律性を確保し、戦略的不可欠性を強化するとしている。また、この「戦略基盤産業」には、エネルギー、情報通信、交通・運輸、医療、金融の5つの分野が設定され、それぞれのリスク分析と脆弱性対策が論じられている。

2022年12月に閣議決定された、国家安全保障戦略において、日本の安全保障上の課題として「サプライチェーンの脆弱性、重要インフラへの脅威の増大、先端技術をめぐる主導権争い等、従来必ずしも安全保障の対象と認識されていなかった課題」が挙げられ、こうした課題において「一部の国家が鉱物資源、食料、産業・医療用の物資等の輸出制限、他国の債務持続性を無視した形での借款の供与等を行うことで、他国に経済的な威圧を加え、自国の勢力拡大を図っている」ことが脅威となっていることが明示されている。

そうした脅威に対して、日本政府はすでに２０２２年5月に経済安全保障推進法を成立させ、さまざまな法的措置をとってきているが、それらの措置が改めて国家安全保障戦略でも紹介されている。第1にサプライチェーンの強靭化である。これは特定の国家に過度に依存することを避け、戦略物資の供給を安定させるために調達を多元化することを意味する。特に新興技術分野において技術的優位性を維持するためにも半導体の開発生産拠点の整備を行うことや、レアアース等の重要な物資の安定供給を目指すとされている。それを実現するための手段として、国内生産を強化する民間企業の資本強化を支援すべく政策金融を活用するなどといった支援制度が整備されることになっている。この重要物資には11分野の品目が指定されており、抗菌性物質製剤、肥料、半導体、蓄電池、永久磁石、重要鉱物、工作機械・産業用ロボット、航空機の部品、クラウドプログラム、天然ガス、船舶の部品となっている。ただ、抗菌性物質製剤ひとつとってみても、原材料を１００％海外に依存しているβラクタム系抗菌薬などが特筆されているだけで、具体的な物資の絞り込みはこれからと見られている[1]。

第2に、重要インフラの防護である。人命に関わる重要なインフラによって提供されるサービスが継続されることは経済秩序、社会秩序が安定するためには不可欠である。他国からの妨害によって経済社会秩序が乱され、人々の生命財産に関わる問題になるようであれば、それは安全保障上の問題である。すでにサイバーセキュリティの分野では、国家の基幹的なインフラであるネットワークの防護などが議論されてきたが、それをサイバーに限らずさまざまな基幹インフラに展開したのが、重要インフラの防護である。経済安全保障推進法では電気、ガス、石油、水道、鉄道、貨物自動車運送、外航貨物、航空、空港、電気通信、放送、郵便、金融、クレジットカードの14分野を重要インフラとして指定し、これらの中でも人命に関わるような重要基幹設備の建設、整備において、それを運用する事業者への委託や、それらの設備に必要な部品などの調達に関する計画書を提出し、政府が審査することとなっている。こうすることで信頼できないベンダーやオペレーターを排除し、重要インフラが乗っ取られる等の攻撃を受けるリスクを減らすことが目的とされている。

第3に、データや情報の保護が重要な課題となっている。これまでも特定機密保護法のように防衛安全保障に関わる重要機密に関してはデータや情報の保護が定められてきたが、現代においては、安全保障に関わる技術が軍民両用性を増しており、特にＡＩや量子コンピュータ、ロボティクスといった分野は民間企業を中心に技術開発が進められている。これらの、いわゆる「新興技術」は軍事的な能力向上にも応用される可能性が高く、新興技術における技術的優位性を維持することが安全保障上重要となっている。しかし、民間企業には特定機密保護法のような機密保護の仕組みはなく、さらに、外国への輸出や生産拠点の移転に伴って、技術流出が起こる可能性がある。さらに、新興技術の研究開発に携わる人材が他国に引き抜かれる等の技術移転も考えられる。そのため、重要技術に関する機微な情報をどのようにして保護するかは、経済の問題でもあり、安全保障の問題でもある。現在、日本においてはセキュリティ・クリアランス制度の導入が検討されているが、セキュリティ・クリアランスの制度はあくまでも政府の機密に関わる情報へのアクセスを管理するものであり、民間企業が持つ技術を管理するものではない。こうした経済安全保障の文脈において、日本がセキュリティ・クリアランスの制度を持たないがゆえに外国との防衛装備の共同開発といった、安全保障上不可欠な技術や装備を開発・調達することが困難になっている、という側面もあるため、制度の導入が急がれている。

2 経済安全保障は「安全保障」なのか

国家安全保障戦略で明らかにされた、日本における経済安全保障の考え方を、安全保障の定義である「誰が（主体）」「何から（脅威）」「何を（価値）」「何によって（手段）」守るか、に照らしてみてみると、日本において経済安全保障は、政府が（主体）、経済的威圧から（脅威）、経済社会秩序を（価値）、サプライチェーンの強靭化や重要インフラの防護によって（手段）守るということを意味している。こうした点から考えると、日本の経済安全保障は、まさに伝統的安全保障において軍事や外交が担っていた部分を、経済ないし経済的手段に置き換えた概念として構成されていることが分かる。

しかし、伝統的安全保障と経済安全保障とでは大きく異なる点がある。それは、伝統的安全保障の主体は国家であるのに対し、経済安全保障の中心的な主体は国家であると同時に、企業だからである。軍事組織や外交団は政府の政策決定に従って行動するのに対し、企業は政府と異なる存在であり、政府の命令に服するわけではない。もちろん輸出管理のように、法律に基づいて企業の活動を制限したり、規制をかけたりすることは可能であり、その点では政府は企業に一定の行動を制約することは可能である。しかし、何らかの命令を下し、企業を特定の活動に向かわせることは不可能ではないが容易ではない。ゆえに政府は補助金や優遇税制といったインセンティブを与えて企業を一定の方向に向けて行動するように仕向けることになる。しかし、企業がそのとおりに行動するとは限らず、その点で政府は望むとおりに安全保障政策を展開することができない可能性がある。

ここから言えることは2つある。第1に、政府が効果的に経済安全保障政策を実施しようとすれば、政府はその目的をはっきりさせ、企業が協力できやすいように、その政策手段を明確にすることである。これまで輸出管理においては、外国為替及び外国貿易法（外為法）に基づき、大量破壊兵器などの軍事転用可能な製品はどういったものかがはっきり示されていた。たとえばアルミニウムは一定のサイズの筒状で、引っ張り強度と言われる強度が高いものがウラン濃縮に使われる遠心分離機の材料となるため、輸出にあたっては政府の許可が必要であった。つまり、筒状以外の形状で、引っ張り強度が弱いものは許可を必要とせず、自由に輸出することができた。つまり、経済活動が安全保障に関わるかどうかは政府が判断し、その許可を必要とするものも法律に明示されていた。

しかし、経済安全保障はすでに述べたように、サプライチェーンの強靭化であったり、重要インフラの防護といった、具体的に何をすることでサプライチェーンをリスクにさらすのか、重要インフラの危険性が増すのかを判断することは政府でも難しい。技術的な問題ではなく、誰から調達するのか、そこから調達することを止めた場合、他のところから調達することになると、その分コストが高くなる可能性が高いが、そのコストを誰が負担するのか、といった問題について、政府と企業は緊密にコミュニケーションをとる必要がある。政府が安全保障上重要だと考えれば、そのコストを一部負担する必要も出てくるであろう。

　第2に、安全保障の問題は、基本的に国家の問題であり、特定の領土、領域を防衛するためのものである。しかし、企業の活動はグローバルであり、グローバルに活動する企業はしばしば、当該国家以外の投資家に所有されている可能性もある。企業の経営者も多様な国籍を持ち、従業員も世界中に広がっている企業も多い。その際、企業が特定の国家に対して忠誠心を持つというわけでもなく、その安全保障に責任を持つわけでもない。つまり、経済社会秩序の安定を目指す国家の目的のために、その国家に必ずしも忠誠を誓うわけでも、アイデンティティを感じるわけでもない企業が、その国家のために行動するかどうかという点は、伝統的な安全保障と大きく異なる点である。伝統的な安全保障ではナショナリズムを基礎とする国籍に基づく軍事組織の編成を行い、場合によっては徴兵制という形で強制的にリクルートすることが可能であるが、企業に対してそれを行うことは難しい。

3　日本の経済安全保障の特徴

日本における経済安全保障の特徴として言えるのは、経済安全保障の措置として挙げられているものは基本的に「守り」に徹しているということである。その目的が、他国からの経済的威圧という脅威に対処することであることから、サプライチェーンの強靭化や重要インフラの防護など、自らの経済社会秩序を守るために取り得る措置が並んでいる。しかし、伝統的安全保障においては、反撃能力や一定の攻撃力を持つことによって相手の行動を抑止し、紛争を未然に防ぐことも安全保障に含まれる。２０２２年の国家安全保障戦略においても反撃能力を持つことで他国の行動を抑止する戦略が初めて出されたが、日本における経済安全保障の発想の中には、攻撃的な措置による抑止という概念はなく、あくまでも守りに徹することが想定されている。

こうした「守り」に徹する経済安全保障の考え方は、米国のそれとは大きく異なる。米国において、経済安全保障は「経済」と「安全保障」の2つの要素から構成されると考えられているが、その際の「安全保障」とは伝統的な国家安全保障ということが想定されている。そのため、経済安全保障は、国家安全保障のために経済を武器にする、という性格を強く持っており、外国に対して攻撃的に輸出規制を行い、経済制裁を実施することが想定されている。２０２２年10月に発表された中国に対する半導体輸出規制の強化は、先端半導体の分野に限定されているとはいえ、半導体やその製造装置などの輸出を規制し、原則として中国への輸出を禁ずるというものである。こうした半導体輸出規制は、中国が先端半導体を手にすることで軍事能力を向上させ、それが米国の国家安全保障を脅かすものであるという認識に基づいている。

また、経済的威圧に対して、抑止を意図した措置としては、２０２３年3月に欧州委員会が提唱した「ＡＣＩ（Anti-Coercion Instruments：反威圧措置）」がある。これはＥＵの「ブロッキング規制(Blocking Statute)」を発展させたものである。なお、このブロッキング規制は米国が一方的に実施する経済制裁（とりわけキューバ制裁）に対して、ＥＵ企業が米国の制裁に従うことを認めないというものであったが、これは一度も発動されたことがない。ＡＣＩは経済的威圧を実施した国に対し、関税の引き上げや輸出入の許可の取り消し、サービスや公共調達における制限などが含まれている。これが抑止になるかどうかは、今後の展開を見てみる必要はあるが、こうした攻撃的な措置をとることで、経済的威圧に対抗していこうとする動きが諸外国でも見られる。

こうした米国やＥＵに見られる攻撃的な措置を日本でとることは難しい。日本の輸出規制や経済制裁はすべて外為法によって実施されているが、その第10条第1項では「我が国の平和及び安全の維持のため特に必要があるとき」は閣議決定によって対応措置をとることができるが、第48条第1項では「国際的な平和及び安全の維持を妨げることとなると認められる」場合に特定の貨物の輸出を許可制にすることができる、としている。また、第48条第3項では「国際平和のための国際的な努力に我が国として寄与するため、又は第10条第1項の閣議決定を実施するために必要な範囲内で、政令で定めるところにより、承認を受ける義務を課することができる」とされている。このように、理論的には日本の平和と安全のために輸出管理を強化するといったことが可能であるが、「我が国の平和及び安全」をどのように定義するのか、といったことの問題もあり、企業への影響も含め、第10条第1項の規定が積極的に利用されることはまれであった。

また、米国で進められている経済安全保障の議論の中には、人権問題も含まれるという認識が強くある。米連邦議会は「ウイグル強制労働防止法」を採択し、中国の新疆ウイグル自治区における、強制労働によって収穫されたと見られる綿などの物品に対し、それらを使った企業に対して制裁を加えることが可能となっている。人権問題が国際安全保障上の問題として取り上げられることは、国連安保理の決議などではしばしば見られるが、米国、そして欧州各国においても、人権侵害を是正するための手段として経済制裁を用いることがあり、それらも経済安全保障に含まれる場合がある。こうした考え方は日本ではまだ定着しておらず、人権問題に関しては、２０２２年に「責任あるサプライチェーン等における人権尊重のためのガイドライン」を設定し、企業に人権デュー・ディリジェンスを実行するよう求めているが、これは法的拘束力のないガイドラインであり、国際的な標準であるＯＥＣＤや国連の基準に合致した制度として位置付けられているものであり、経済安全保障とは直接関係しているとはみなされていない。

米国で進められている投資スクリーニングも経済安全保障の１つの措置として取り上げられるこ

とが多い。投資スクリーニングとは、米国における財務省、国務省、国防総省などから構成されるＣＦＩＵＳ《シフィウス》（Committee on Foreign Investment in the United States：対米外国投資委員会）が米国に対する投資を審査し、その適格性を判断するという措置である。外国企業による企業買収を通じて、優れた技術が他国に流出し、その技術が他国の支配下に入ることを避けることが投資スクリーニングの目的である。このＣＦＩＵＳのプロセスは中国などの対立関係にある国家からの投資だけでなく、日本などの同盟国や同志国からの投資にも適用されるため、米国への投資に対する大きな障害となっている。近年では、米国への投資だけではなく、米国人投資家が中国企業に投資をするという「対外投資スクリーニング」も議論されている。これは投資活動を大きく制限することになるため、反対も多く、議会で立法することはできなかったが、２０２３年８月に大統領令によって米国の企業や個人が中国企業で半導体、人工知能、量子技術に関わる事業を行っている企業に投資する場合、審査を受けることを命じた。こうした投資スクリーニングは米国を中心に、ＥＵなども対内投資スクリーニングは実施している。日本も２０１９年に外為法を改正し、戦略的に重要な産業に関わる企業において外国人投資家が株式の１％以上を保有する場合は政府に届け出をすることが義務付けられたが、これは届け出ののちに政府が審査し、不適格であれば外国人投資家の株式の保有を認めないというものである。ＣＦＩＵＳなどの事前審査と比較をすると、相対的にビジネス寄りの措置であり、経済安全保障の一環としての措置であるとはいえ、その運用は欧米と比較すると厳格なものとは言えないだろう。

日本の経済安全保障の考え方の特徴として、他国の意図を持った経済的威圧に対しての備えに重点が置かれているが、非意図的な効果としてのサプライチェーンの混乱などについては、経済安全保障の範疇に含まれていない。米国や欧州などではサプライチェーンの強靭化を進める理由として、新型コロナウイルス感染症によるパンデミックの期間に起きた流通の人手不足による物資の欠如や、中国のゼロコロナ政策によって工場が稼働しなかった結果としての戦略物資の不足などが挙げられることが多いが、日本の経済安全保障の概念は、こうした非意図的なものを第一義的には対象としていない。とはいえ、サプライチェーンの強靭化は結果として、意図的な経済的威圧も、非意図的な流通の混乱などにも対応できるため、政策として大きな違いが出るわけではない。

4　「戦略的自律性」にどこまでコストをかけるのか

経済安全保障の鍵となる概念は「戦略的自律性（strategic autonomy）」である。この言葉は以前からフランス外交における、米国からもソ連／ロシアからも距離をとり、自らの政策決定の自由度を高めるという意味で使われる言葉であったが、経済安全保障の文脈ではまったく異なった意味を持つ。経済安全保障における「戦略的自律性」とは、対立的な関係にある国家へのサプライチェーンの依存を減らし、自国での調達を中心に、サプライチェーンの自律性を高めるということを意味する。もちろん、すべての品目を国産化することは経済的に合理的ではなく、１００％の自律性を求めることはないが、サプライヤーを多元化し、とりわけ「friend-shoring」と呼ばれる、同盟国・同志国からの調達を優先することが戦略的自律性を高めることに貢献する。また、同盟国・同志国からの調達も難しい状況であれば、戦略的備蓄を積み増すなどして、他国の意図的なサプライチェーンの混乱に耐えられるように備えておくことも含まれる。

問題は、どの程度まで国内に生産拠点やサプライヤーを戻し、どの程度まで他国に依存することができるのか、という点である。ここでは、コストとリスクのバランスが重要となってくる。すべての品目を国内で生産するのはコストが高すぎて経済的に合理的ではないが、同時に、中国で生産することが最もコストパフォーマンスがよい場合、中国からの調達を止め、他国からの調達に切り替えればそれだけでもコストは上がっていく。

その際の判断材料となるのは、第1にどのくらいのリスクがあるのか、ということである。仮にその品目が中国でしか生産されていないということであれば、中国に依存せざるを得ず、その場合は戦略的備蓄を増やしていくという形で対応するしかないだろう。しかし、これは在庫を持つ経営ということになり、そのコストは大きくなる。そのため、中国がこの物資の供給を止める可能性がどの程度あるのか、ということを想定しながら、備蓄の量を考えていくしかないだろう。これは言い換えれば、中国以外の国から調達が可能であるならば（foreign availabilityという）、中国に依存するリスクは相対的に低いということになるだろう。もし中国からの供給が途絶えたとしても、他から調達できる可能性が高まるからである。その場合、他国からの調達をいかにスムーズに行っていくか、ということにコストをかけることが重要となるだろう。

第2に、どの品目での依存が問題なのか、ということを特定することである。すでに日本政府は11分野の品目を特定しているが、これら以外にも中国への依存が高まることでリスクが高まるという可能性はある。そのため、どのようにリスクを判断するのか、という主観的な評価が重要となってくる。政策決定者や企業経営者にとって一番難しいのは、こうしたリスク判断を下さなければならないことだが、どこかの段階でリスクをとってでも行動を起こし、リスクとコストと便益のバランスがとれるところを見つけ出すしかないだろう。

こうしたリスク判断は主観的なものであり、各国ごとにそのリスクの見積もり方が異なっている。たとえば世界的に若年層で流行しているＴｉｋＴｏｋという短い動画をシェアするＳＮＳについて、米国ではＴｉｋＴｏｋが中国企業が開発したスマートフォンのアプリであり、その経営者も中国系シンガポール人であることから、こうしたアプリが広範に使われると、そのユーザの個人情報が抜き取られるということが懸念されている。しかし、こうしたＴｉｋＴｏｋへの警戒感は世界中で共有されているわけではなく、ＥＵでは政府が利用するデバイスでは使わないことが求められているが、一般ユーザが使うことについては大きな議論にはなっていない。日本においても同様である。中国企業が運営していること、中国系の人が経営に関与していることをどの程度リスクとして見積もるかは主観的な問題なのである。

5 自由貿易と経済安全保障

経済安全保障が現代国際関係において重要な問題になっているのは、第2次世界大戦以降、国際経済秩序の基礎に自由貿易があったからである。冷戦期においては、主に西側諸国において確立した自由貿易の原則は、冷戦後にWTOの設立と、中国やロシアの加盟によって、世界経済秩序の基本となった。自由貿易は、政府が自国の産業を保護することを自ら禁じ、政府が企業の経済活動や市場の働きに関与しないことで、経済的に最適な解を市場が見つけることを前提としている。つまり、経済に対して政治は関与の度合を下げていくことこそ、自由貿易のエートスなのである。

しかし、こうした自由貿易の原則は、冷戦が終わってから30年で曲がり角に差し掛かっている。市場の原理にゆだねた経済運営は、必然的に「勝ち組」と「負け組」を生み出し、いわゆる「グローバル化の影」が忍び寄る形で市場競争に敗れた企業や、そこで雇用された人たちの生活が厳しい状況に追い込まれるようになった。

こうしたグローバル化によって不利益を被る人たちが増えてきたことで、彼らは国家権力を用いて自由貿易の仕組みを修正し、国家によって生活の保障を確保しようとする。彼らはポピュリズムと親和性を強く持ち、外部に敵を作って、その敵が自分たちの生活を困難にさせたという物語を紡ぐようになっていった。

こうした動きを受けて、自由貿易から距離を置き、自国の産業を守ろうとしたのが米国のトランプ政権であった。その際に自由貿易のルールとは必ずしも合致しない措置を正当化したのが「安全保障」であった。米国通商拡大法232条は米国の国家安全保障を理由として関税を上げたり、数量制限をかけたりすることができるが、トランプ政権前期に、この条項を使って鉄鋼とアルミニウムに輸入関税をかけたことは、まさにこうした保護主義的な措置の表れだった。また、中国との「デカップリング」を目指した、中国からの輸入品に対する追加関税は、安全保障だけでなく、グローバル化の影に苦しめられる人たちが中国を悪者にし、懲罰を与えるといった側面もあったと言える。

こうした保護主義的な措置によって経済的な威圧をかけられる可能性が高まる中、他国による経済的威圧に対処するために出てきた概念が経済安全保障であった。つまり、経済安全保障とは、自由貿易の時代に進んできた政府と経済の分離（政経分離）から、政治が経済を手段として使い、市場に介入してそれを武器化するという時代（政経融合）に突入したことを意味する。これまで、WTOのルールに基づき、どこの国に投資をし、どの企業と取引をしても、一定のルールが守られ、彼らの経済的利益が守られるということが前提になっていたが、その前提がだんだん機能しなくなる時代に入り始めているのである。それがつまり、経済安全保障の時代ということになるだろう。

6　国家安全保障としての経済安全保障

経済安全保障は、これまでグローバル化によって恩恵を受けてきた産業やビジネスに変更を加えるものである。自由貿易原則や資本の自由移動によって最適化されてきた生産体制やサプライチェーンを、安全保障の観点から修正し、時には制限していくことである。それは経済的な合理性とは異なる選択にならざるを得ない場合もあろう。

経済安全保障は国家安全保障戦略と目的を同じくしつつも、その手段において異なるものである。いわば、経済安全保障は、常時グレーゾーン事態に対処するようなものであり、他国による一方的な貿易制限措置や制裁に警戒しつつ、同盟国・同志国との関係を通じて安定した経済活動を可能にする基盤を作っていく必要がある。

そこで重要になるのは、「戦略的自律性」を高めるだけでなく、国際社会を安定させ、国際ルールに基づいて貿易や投資が継続されることである。日本が「戦略的不可欠性」を持つのは、単に他国を抑止するだけでなく、それを国際ルール作りのパワーに転化し、日本が国際秩序を安定させるためのリーダーシップを発揮することである。

すでに日本はトランプ政権が一方的に脱退したＴＰＰ（環太平洋パートナーシップ協定）を何とか

まとめ上げ、ＣＰＴＰＰ（環太平洋パートナーシップに関する包括的及び先進的な協定）として再出発させたという実績がある。こうした国際ルールに基づいた秩序を作るパワーを持つことこそ、経済安全保障を実現する最も有効な手段なのである。

注

（１）なお、特定重要物資に対する取り組みに関しては、経済安全保障法制に関する有識者会議（令和４年度～）第４回「資料１：特定重要物資の指定について【安定供給確保取組方針案（概要案）】」（令和４年11月16日）を参照。
https://www.cas.go.jp/jp/seisaku/keizai_anzen_hosyohousei/r4_dai4/siryou1.pdf

第2章

国家戦略としての経済安全保障

細谷　雄一

1　国家戦略の中核としての経済安全保障

２０２１年10月13日、岸田文雄政権成立後の最初の国家安全保障会議（ＮＳＣ）が開催された。そこでは、「国家安全保障戦略」の改定についての議論がなされた。その5日前の10月8日の所信表明演説において、岸田首相はその改定への強い意向を明言しており、２０２２年後半にその改定作業と閣議決定が行われる見通しとなった。そこで注目されたのが、新しい国家安全保障戦略の中で、岸田政権がその外交における1つの柱に位置付けていた経済安全保障をどのように位置付けるかであった。

２０１３年12月に日本で最初となる国家安全保障戦略が策定された際に、岸田は外相としてその策定作業に深く関わっていた。また、自民党政調会長として２０２０年６月には「新国際秩序創造戦略本部」を立ち上げ、自らその本部長に就いている。そこでは、党としての「経済安全保障戦略」策定へ向けての議論を主導し、日本の経済安全保障における「戦略的自律性」と「戦略的不可欠性」の重要性を指摘した報告書の公表に至っている[1]。

首相就任後に岸田文雄は、そのような経済安全保障を実際の国家安全保障戦略の中に埋め込む意向を示した。２０２２年４月６日の衆議院内閣委員会で野党議員からの質問を受けた際には、岸田政権で策定することになっている新しい国家安全保障において、経済安全保障をそこに反映させる意向を明言し、次のように述べた。すなわち、「結論から言うと位置付けることを考えている。２０１３年に我が国初の国家安全保障戦略が策定されて約８年が経過した。その間、世界のパワーバランスは変化した[2]」。

２０１３年から２０２２年までの９年間の国際情勢の変化によって、経済安全保障がいまや国家戦略の中核に位置付けられるようになったのである。

実際に岸田政権においては、２０２２年５月11日に経済安全保障推進法（「経済施策を一体的に講ずることによる安全保障の確保の推進に関する法律」）を成立させた。翌週の５月18日にその法律が公布されたことで、岸田政権が看板に掲げてきた経済安全保障をめぐる政策が、実際の法的な基盤を有することになった[3]。

そこでは、「特定重要物資の安定的な供給の確保及び特定社会基盤役務の安定的な提供の確保に関する制度」、そして「特定重要技術の開発支援及び特許出願の非公開に関する制度」の創設によって、「安全保障の確保に関する経済施策を総合的かつ効果的に推進することを目的とする」ことが明記されている。[4]

このような法制化は、経済安全保障を政策の1つの柱に位置付けてきた岸田政権による重要な成果と言える。

そして、２０２２年12月16日に閣議決定された新しい国家安全保障戦略においては、日本が国家安全保障を追求する上での「戦略的なアプローチ」の「7つ」のうちの第5のそれとして、「自主的な経済的繁栄を実現するための経済安全保障政策の促進」が掲げられている。[5]

これは、日本の国家安全保障戦略の中核に経済安全保障が埋め込まれた、画期的なことと言える。

本章ではそのような問題意識から、経済安全保障がどのようにして、そしてどのような理由から国家戦略（ナショナル・ストラテジー）の中核に位置付けられるようになったのか、日本の国家安全保障認識の生成と、発展、そして現状といった歴史的視座から、論じることにしたい。

経済安全保障の概念の歴史的発展

国家戦略や国家安全保障を考える際に、経済的な側面を考慮に含める重要性が近年強調されるようになった。それは「経済安全保障」や、「地経学」、「エコノミック・ステイトクラフト」というように、さまざまな概念で説明されている。それらの概念によって少なからぬ違いが見られる。それではそもそも、「経済安全保障」の概念はどのように生成され、発展してきたのか。

1985年に『エコノミック・ステイトクラフト――国家戦略と経済的手段』という題名の著作を刊行して、その重要性を早くから論じていたプリンストン大学のデヴィッド・ボールドウィン教授は、その新版序文の中で、「エコノミック・ステイトクラフトは、最近の現象ではない」と論じている。[6]そして、「その実例は、少なくとも古代ギリシャ時代にまで遡って見出すことが可能だ」と述べる。確かに、経済的な手段が、国家により政策的、そして戦略的に利用されるということは、古代から現在に至るまでに、数多くの事例を挙げることができるのだろう。

だが、国際政治学の世界で、その重要性が十分に認識されるようになったのは比較的最近のことであり、さらにはそれが国家安全保障戦略の中核に位置付けられるようになったのも近年の新しい展開と言える。というのも、冷戦時代の国家戦略や国家安全保障は、あくまでも、核戦略や、シーレーン防衛というように、軍事や防衛の比重が圧倒的に大きな位置を占めており、経済問題の重要性は陰に隠れていたからである。

確かに、田所昌幸慶應義塾大学名誉教授が述べるように、「経済学者は、国家による経済的手段の行使に大きな関心を払ってこなかった」こともまた事実であろう。さらには、「国際政治学から経済問題に接近する国際政治経済学も、経時的相互依存を管理し、開放的な国際経済秩序の維持を目的とするリベラルな問題意識が伝統的に支配的であった」のである。[7]そのような経済学や国際政治経済学の世界において、安全保障や戦略について深く掘り下げて議論される機会は多くなかったとも言えるだろう。

そのような認識に徐々に変化が起き始めたのは、ニクソン・ショックに見られる通貨危機や、オイル・ショックが大きな外交の争点となった１９７０年代であった。米国においては、ハーバード大学のジョセフ・ナイ教授とロバート・コヘインが『パワーと相互依存』という共著を１９７７年に刊行して、経済相互依存における国家の脆弱性に注目し、経済問題などのロー・ポリティクスがより重要となった現実を理論的に説明した。[8] 同時にナイ教授は、１９７７年から79年まで科学・技術担当の国務次官補を務めて実際の政策においてもそのような認識を実践していた。

さらには、同時期の１９７８年に、朝日新聞記者であった船橋洋一が１９７５年からハーバード大学でジョセフ・ナイ教授のもとで研究を行った成果を、帰国後に『経済安全保障論――地球経済時代のパワー・エコノミック』としてまとめている。これは、日本語で初めて体系的かつ理論的に経済安全保障を論じた研究であり、世界的に見ても「経済安全保障」を題名にした最初の書籍の１つと言える。[9] そこで船橋は、次のような重要な指摘を行っている。

「六〇年代から七〇年代初頭にかけてとりわけ顕著に現れたこの変容は、国際経済の舞台に一つの中心的な概念が登場し、徐々にその概念の伝播力を高めてきていることを人々に予感させている。それは国際経済におけるパワーの発現であり、その政策理念、体系としての経済安全保障理論である[10]」

このように１９７０年代後半の、米国におけるナイとコヘイン、そして日本における船橋の研究が、経済安全保障、あるいはパワー・ポリティクスにおける経済的側面の重要性を体系的に論じた先駆的な研究と言える。とりわけ船橋は「体系としての経済安全保障理論」という言葉を用いて、それを新たなレベルにまで昇華させて、政府の中核的な政策に位置付ける重要性を指摘する点において、新しい主張であった。そしてそこでは、経済的パワーが重要な位置を占める新しい国際関係を、「パワー・エコノミックス」と呼んだ。[11]

その後、国際政治学の世界でも、あるいは実際の国際関係や対外政策の世界でも、経済安全保障に関する研究や議論は大きな前進を見せた。だが、それが世界政治における中核的な争点となったのは、経済や技術をめぐる米中間の覇権的対立が浮上した近年のことである。ゼーレン・ショルヴィンとミカエル・ウィゲルは、２０１９年に刊行した地経学に関する共著において、「諸国家はますます、経済的手段を用いてパワー・ポリティクスを実践するようになった」と記している。[12]

また、安倍晋三政権における国家安全保障局次長であり、２０１３年の国家安全保障戦略策定で重要な役割を担った兼原信克は、２０２１年12月に刊行した著書の中で、「経済安全保障という言葉がようやく人口に膾炙するようになった」と論じ、「経済安全保障の中核は、軍事と産業・科学技術政策の相関である」と述べている。というのも、「科学技術、産業技術こそ、国力の基盤」であり、「科学技術、産業技術が、国家安全保障の基盤である」からである。[13]

確かに、19世紀半ばの英国におけるマンチェスター学派の時代から、経済や貿易と平和の問題を結びつける思考は続いてきている。だが、そのような思考はリベラリズムの国際政治思想と結びつくことが一般的であった。そのような思想的な系譜とは異なり、パワー・ポリティクスと国際経済を不可分の一体として考えるところに、経済安全保障や、地経学、そしてエコノミック・ステイトクラフトのアプローチと重要性が見られるのだ。

2　戦後日本政治における経済安全保障

それでは戦後日本政治の中で、経済安全保障はどのように位置付けられてきたのか。

戦後の日本では、日本国憲法第９条に見られる平和主義の国家理念からも、軍事問題を論じることが回避される傾向が見られた。そのことをボストン大学のトーマス・バーガー教授は、「反軍事主義（antimilitarism）」と呼び、それが戦後日本の安全保障政策を規定する規範となってきたと論じている[14]。

そのことは、戦後の日本の安全保障戦略において、いくつかの拘束要因となってきた。第１に、対外経済関係や対外経済政策を考える際に、安全保障上の考慮や戦略的な考慮を含めない伝統である。たとえば、対共産圏輸出統制委員会（ＣＯＣＯＭ）としての貿易管理に関する認識が不十分であったことから１９８７年に生じた東芝機械ＣＯＣＯＭ事件での日米摩擦はその顕著な例であり、さらには核開発を進めるイランへの制裁措置としての２０１０年のイランのアザデガン油田からの日本の撤退も同様のケースと言える。日本企業や日本の経済官庁の中で、対外経済問題が、安全保障問題として国家間対立の要因になることへの認識の不足が、対外的な緊張をもたらしたのである。これらはいずれも、パワー・ポリティクスと経済問題が不可欠に結びついていることを示した事例であった。

第２に、日本の安全保障戦略を検討する際に、「反軍事主義」の伝統からも非軍事的な領域における取り組みが中核となってきた。たとえばそれは、１９７０年代に大平正芳政権で議論が活発化した「総合安全保障」の概念に象徴されている。中西寛京都大学教授は、このような大平政権での総合安全保障論を、「権力政治と相互依存の交錯」として位置付けている。[15] さらには、そのような戦後日本外交の特徴は、１９９８年に小渕恵三政権が提唱した「人間の安全保障」の概念にも示されている。いわば平和国家として戦後の日本は、非軍事的領域での活動に重点を置いた対外政策を独自に発展させてきたとも言える。[16] そしてそのような、非軍事的領域を中核とした戦後日本の対外政策において、経済安全保障は重要な位置を占めてきたのだ。

このような認識からも、ディスコースの領域では非軍事的な側面が強調される一方で、現実の防衛政策の世界では日米同盟を基軸としてむしろ経済問題と安全保障問題を一体のものとして捉える基盤が存在していた。たとえばこのことは、１９６０年に成立した日米安全保障条約（新安保条約）第２条でも明記されている。いわば、日米同盟は、誕生の瞬間から経済安全保障をその中核に位置付けていたのである。それはどういうことであろうか。

安保条約第2条では、「締約国は、その国際経済政策におけるくい違いを除くことに努め、また、両国の間の経済的協力を促進する」と規定されている。共産主義勢力と冷戦を戦う中で、日本が強靭な経済力を育む必要があったのと同時に、日米両国間での経済的な相互依存を高めることが同盟を強化する上で資すると考えていたのである。米国の冷戦戦略の中では、マーシャル・プランに見られる戦略的援助に示されるようにして、自由主義諸国と共産主義諸国との間での体制間競争に勝利することが不可欠とみなしていた。その上で、強靭な経済力を有することが不可欠な基礎となっていたのだ。

とはいえ冷戦期には、日米同盟の強化へ向けた日本政府の取り組みは防衛協力へと偏重していた。両国政府が、それぞれ自らの経済安全保障戦略を形成し、その両者を調整させる十分な努力がなされてきたわけではない。さらに大きな問題として、冷戦終結の時期には日米両国はしばしば、お互いを競争相手であり、経済的な脅威であると捉えることさえあった。日米同盟における経済的な領域での協力の重要性が強調される機会は、必ずしも多くなかったのだ。

換言すれば、これまで、パワー・ポリティクスと経済問題を不可分の一体として捉える視点が不十分であった。冷戦時代には日米同盟をめぐり防衛庁（現・防衛省）、外務省、大蔵省（現・財務省）、通商産業省（現・経済産業省）などが連携して、いわば政府一体の取り組み（whole of the government approach）がとられることはほとんどなかった。そのような総合的なアプローチの不足は、日米同盟を強化する上での大きな桎梏《しっこく》となってきたとも言える。

3　日米安保条約第2条の重要性

このように、日米同盟はその基礎として経済協力を促進する必要が明記されていながらも、防衛と経済を相互に結びつけて共同の戦略を構築することはほとんどなかった。

日米同盟における経済協力の重要性に注目した共同研究として、日本のＡＰＩ（アジア・パシフィック・イニシアティブ）と、米国の戦略国際問題研究所（ＣＳＩＳ）が発表した２０１８年11月の「日米経済協力強化プロジェクト」の報告書がある。[17] そこでは、共同研究の結果として、「インド太平洋地域における米国と日本の根本的な戦略的利害と目標は、今日の両国間の貿易摩擦を超越したところで高度に一致している」と論じる。

この報告書が発表されたのは、米国がトランプ政権のときであり、トランプ大統領が貿易赤字に関して繰り返し同盟国である日本に対して批判を行っていたことを背景としている。この報告書では、「インド太平洋地域には日米のリーダーシップを求める強い声がある」ということ、さらには「日米は地域への経済関与において、それぞれ比較優位を持つ」ことや、「日米は相互補完性を持つものの、二国間の連携は未発達である」ことが指摘されている。日米安保条約第2条に基づいて、日米二国間で経済安全保障戦略をよりいっそう調整することの重要性が示唆されている。

日米両国の同盟関係は、単なる貿易不均衡の是正にとどまるものではなく、より広範な経済協力を基礎とするものであるべきだ。その前提として、日米安保条約第2条が、そもそも同盟の基礎として経済的な相互依存関係を想定していることを再確認する必要がある。トランプ政権、そしてバイデン政権では、「米国中心主義」や「中産階級のための外交」というスローガンのもとで、経済の領域においてもナショナリズムやポピュリズムが流入する趨勢も見られる。そのような懸念が見られながらも、バイデン政権において日米両国間で経済安全保障をめぐる協力関係を強化する方向へと動いていることは、望ましいことである。

4 「国家安全保障戦略（2013年）」の中の経済安全保障

このようにして、日米安保条約には条文の中に、日米両国間で経済安全保障をめぐって協力し、調整を行う必要性が明記されている。だがそのような二国間での協力を促進する前に、まずは日本政府が明確な経済安全保障をめぐる国家戦略を構築しなければならない。

戦後日本で、国家戦略を初めて政府一体の取り組みとして総括して明示したのが、安倍政権時の2013年12月に公表された、日本で最初となる「国家安全保障戦略」であった。それではその中では、経済安全保障はどのように位置付けられていたのであろうか。

この時点で、日本の国家安全保障上の最大の懸念は、尖閣諸島をめぐる日中対立に起因した離島における領土の保全の問題であった。そのような中で、同年2月に安倍政権は、第1次安倍政権以来活動が停止していた安全保障の法的基盤の再構築に関する懇談会（安保法制懇）を再開しており、集団的自衛権の限定的行使に関する憲法解釈の変更をはじめとして、日本の脅威への対処や国際社会の平和と安全のための法的整備を模索していた。いわば、軍事的脅威や日本の領土の領有権への挑戦への対処こそが重要な課題であって、そのためにも日米同盟の強化が必要だと考えられていた。

そのような安全保障環境の中で、国家安全保障戦略の中に占める経済安全保障の重要度は限定的であった。２０１４年1月に新しく設置された国家安全保障局も、基本的には外務省と防衛省の所管であることからも、経済官庁に関わる貿易規制や防衛技術基盤の強化、国際金融問題への対応などは必ずしも重要な位置を占めていなかった。また、経済安全保障を推進するための官民協力も、この時期にはまだ限定的な範囲であって、それを政府が推進する姿勢は必ずしも見られなかった。まだこの段階では、経済安全保障は必ずしも日本の国家戦略における重要な課題とはみなされていなかったのだ。

とはいえ、「国家安全保障戦略」文書の中で、経済問題が現代の国家安全保障や国益において重要な意味を持つことは、いくつかの箇所で言及されていた。たとえば、「我が国の国益と国家安全保障の目標」に関するセクションの中で、「我が国の国益」として、次のような3つが挙げられている。すなわち、第1には「我が国自身の主権・独立を維持し、領域を保全」することであり、第2には「我が国国民の生命・身体・財産の安全を確保すること」であり、第3には「自由と民主主義を基調とする我が国の平和と安全を維持し、その存立を全うすること」である。[18] この第2の側面は、経済安全保障と緊密に結びついている項目と言える。

さらには、「自由貿易体制の維持・強化」が、日本の国家安全保障戦略の重要な目標の1つとして掲げられており、「開放的でルールに基づいた国際経済システムを拡大し、その中で我が国が主要プレーヤーであり続けることは、世界経済の発展や我が国の経済的繁栄を確保していく上で不可欠である」と論じられている。そのような「開放的でルールに基づいた国際経済システム」の維持と拡大が、日本の国益と密接に結びついているという発想は、経済安全保障の考え方とつながったものと言える。

それらに加えて、「防衛装備・技術協力」の促進もまた重要な課題とされている。すなわち、「国際協調主義に基づく積極的平和主義の観点から、防衛装備品の活用等による平和貢献・国際協力に一層積極的に関与するとともに、防衛装備品等の共同開発・生産等に参画すること」の重要性も指摘されている。技術力を強化することもまた、経済安全保障を考える上では重要な意味を持っている。そして、「我が国の高い技術力は、経済力や防衛力の基盤であることはもとより、国際社会が我が国に強く求める価値ある資源でもある。このため、デュアル・ユース技術を含め、一層の技術の振興を促し、我が国の技術力の強化を図る必要がある」として、「技術力の強化」もまた重要な目標に位置付けられる。他方で、それらを実現するための具体的な施策については詳細に論じられているわけではなく、あくまでもスローガンにとどまっている。むしろその後の10年ほどの間に日本の技術力向上のために必要な、かつ十分な施策はとられたとは言えず、日本は国際的な競争力を多くの領域で後退させる結果となった。

２０１３年における国家安全保障戦略策定の段階では、中国もまた他の諸国と同様に、国際貿易体制において協調的な行動をとることが期待され、また米中対立もこの時点では深刻な段階に達していたわけではなかった。米国のバラク・オバマ政権は、中国を「責任あるステークホルダー」と規定して、「戦略的再保証（strategic reassurance）」を通じて米中関係を安定化させることを重視していた。したがって、日本の経済安全保障を守ることも、開放的でルールに基づいた国際経済システムを維持、拡大することも、実現可能だという楽観的な認識が広がっていた。

米国のオバマ政権だけではなく、２０１２年12月に成立した第2次安倍政権もまた、「戦略的互恵関係」に則って、経済的な相互依存を前提として日中関係が安定的に発展することが可能だとみなされていた。そのことは、２０１４年11月7日の意見交換を経て、安倍首相と習近平主席との間で行われた初めての日中首脳会談で両国政府間で確認され、4つの項目について意見の一致を見た。すなわち、その1点目で書かれているように、「日中間の四つの基本文書の諸原則と精神を遵守し、日中の戦略的互恵関係を引き続き発展させていくことを確認した」のである。[19]

このようにして、日本において国家安全保障戦略を閣議決定した２０１３年から、米国のドナルド・トランプ政権下で対中政策が大きく修正されて、米中対立の構図の中で経済安全保障が重要となっていく２０１９年に至るまで、日本における国家戦略をめぐる議論は防衛や安全保障に圧倒的な比重が置かれていた。また、そもそも２０１３年の「国家安全保障戦略」文書の中では「経済安全保障」という用語は一度も用いられていない。

２０１９年９月に、第４次安倍内閣の改造にあわせて国家安全保障局長に就任した北村滋は、米中対立の悪化という安全保障環境の悪化を背景に、経済安全保障を国家安全保障局で扱う必要を認識していた。この頃から次第に、日本においても経済安全保障上の観点から組織的な変更や、新しい戦略の必要性が認識されるようになる。北村局長は新たな取り組みとして、２０２０年４月１日に国家安全保障局内に「経済班」を設置した。２０１４年１月に国家安全保障局が設置された際には主に外務と防衛などの関係官庁出身の官僚で構成されていた。ところが、安倍晋三首相はこのときに、「世界的な感染症の影響拡大による世界経済やパワーバランスへの影響など重要課題の対応にあたらせたい」として、「経済班」を設置して「エコノミック・ステイトクラフト」にも対応することになった。[20]

それについて北村は、『経済安全保障——異形の大国、中国を直視せよ』と題する自著の中で、「経済班」を設置して「経済安全保障」に対応した際の自らの意図を、次のように説明している。「安全保障が、軍事から民間の経済、科学技術に広がっているにもかかわらず、これらを守る仕組みは甚だ脆弱だ。これらを守らなければ国家・国民を守ることはできない。この冷厳な事実を直視すべきだ。米国の前方展開戦略の最前線に位置し、高い軍事的緊張下に置かれた日本。だからこそ、平時からの備えを固めなければならない[21]」

米中関係の悪化という国際環境の変化によって、日本はそれまでの対外経済政策を変えていく必要が生じた。また、コロナ禍の世界的な感染拡大によって、マスクなどの戦略物資の国内における生産拠点の拡充の必要も説かれるようになった。そのような認識の広がりが、経済安全保障にこれまで以上に積極的に対処する必要性を高めたのだ。

このようにして、制度的には２０２０年４月に国家安全保障局に「経済班」が設置され、さらには法制的には２０２２年５月に、すでに触れたように、経済安全保障推進法が公布された。安倍政権から菅義偉政権、そして岸田政権へと移る中で、政府の経済安全保障に対する取り組みが強化されていく。そしてそのような努力は日米間でも調整し、連携しながら発展していくことになる。

菅政権から岸田政権へ

２０２０年９月に成立した菅義偉政権において、米国における対中政策の大きな転換と、米中関係におけるデカップリングの進行を受けて、それに日本が対応する必要性が認識されるようになっていた。そのことは日米首脳会談においても、検討されるようになる。２０２１年４月16日に行われた日米首脳会談において、経済安全保障に関する日米協力の強化が重要な議題となっていた。それは、「日米競争力・強靭性（コア）パートナーシップ」と称される合意文書の中で、詳しく触れられている[22]。このことは、この時期に日米政府ともに、経済安全保障が日米間で協議すべき中核的なイシューになっているという認識を共有していたことを意味するのであろう。

この「コア・パートナーシップ」とは、中国における先端技術の急速な発展を背景として、日米両国が「競争力（Competitiveness）」と「強靭性（Resilience）」を強化するために、二国間での協議、協調、連携を強化していくという強い意志の表明である。これを軌道に乗せて、実際に運用するまで日米間でさまざまな調整が必要となるが、どの程度までこの動向がサプライチェーンの再編にまでつながるかが焦点となる。

この日米間での合意文書の中では、次のように記されている。すなわち、「日米両国は、各々あるいは共有する歴史を通じて、イノベーション分野において世界のリーダーであり続けている。競争力及びイノベーションに関する日米両国の新たなパートナーシップは、科学技術の進歩に焦点を当てつつ、かかる伝統を継承するものである[23]」。

この時期の米中対立は軍事的な領域に限定されるものではなく、科学技術や、経済競争力、開発政策、エネルギー政策など、多様な分野にまたがるものである。中国の経済や科学技術の急速な成長によって、米国は多くの分野でかつての圧倒的な優位性を失っている。それゆえにバイデン政権は、米国単独ではなく、日米同盟、日米豪印のいわゆる「クアッド（ＱＵＡＤ）」、米英豪による新しい協力枠組みのＡＵＫＵＳなど、多様なミニラテラリズムの枠組みを活用して価値を共有する諸国との信頼できる国際協力を促進する姿勢である。インド太平洋地域で、米国のそのような政策を推進していく上で鍵となるのが、この地域で米国や中国に匹敵する科学技術力を有する日本である。日本がどのような経済安全保障戦略を提示するかは、米国政府のみならず、他のクアッド諸国、ＥＵ、ＣＰＴＰＰ加盟国などにも多大な影響を及ぼす。日本政府が進めてきた「自由で開かれたインド太平洋（ＦＯＩＰ）」構想の３つの柱のうちでの２つ目の柱が「連結性（コネクティビティ）」であることに示されているように、日本の対外政策は多様な地域、多様な諸国を結びつけて、インド太平洋地域での持続可能な経済成長を可能にすることを重要な目的に掲げてきた。また、日本のＦＯＩＰ構想の特徴の１つは包摂性（inclusiveness）であり、日本経済の現実を考慮すれば、完全に中国を排除したサプライチェーンへと再編することは困難だ。いわば、これまで推進してきたＦＯＩＰ構想の中核に、日米同盟を基礎とした「コア・パートナーシップ」を位置付けるべきである。

２０２０年12月22日に発表された自民党の「新国際秩序創造戦略本部」における「経済安全保障戦略」策定に向けた提言においては、日本が主体的に自らの「戦略的自律性」と「戦略的不可欠性」を向上させることの重要性が問題提起されている。しかしながらこれからの日本の経済安全保障戦略にとって必要なことは、そのような日本独自の努力に加えて、日米同盟を基礎とした二国間での「コア・パートナーシップ」を推進し、また「クアッド」のような価値を共有する諸国とのいわゆる「ミニラテラル」な国際協力を進めていき、さらには「自由で開かれたインド太平洋」構想が示すような、多層的な国際戦略を複合的に確立していくことだ。これらを組み合わせることで、日本が主導的な地位に立って経済安全保障をめぐる国際協力の枠組みを形成していくことができるだろう。また、このような多層的な協力枠組みを対外政策の重要なツールとして、日本は自らのパワーを強めるとともに、ルールに基づいた国際秩序の形成を主導していくことが必要だ。

実際、２０２１年の11月17日には、林芳正外相が訪日中のキャサリン・タイ米国通商代表（ＵＳＴＲ）と会談を行い、経済安全保障の分野でそれぞれが競争力や強靭性を高め、提携を強化していく姿勢を確認した[24]。新たに立ち上げられた日米間での局長級の「日米通商協力枠組み」において、よりいっそうの協議や調整が進むことで、まさに日米が「コア」となって、経済安全保障をめぐるインド太平洋における新たな協力枠組みが発展していくであろう。かつては激しい経済摩擦により相互不信を深めていた日米両国が、むしろ国際協力枠組みの形成へ向けたパートナーシップを深めていくことは重要な変化である。

「経済安全保障」とは、極めて曖昧で、その領域が明確ではない捉えどころのない概念である。他方で、日米両国が、防衛協力のみにその協力を限定して、先端技術、ＡＩ、エネルギー、気候変動、健康安全保障など、多様な政策領域で十分な調整を行わなければ、日米両国の国際社会での優位性は失われていくかもしれない。岸田政権における国家安全保障戦略の策定作業が、従来のような防衛省と外務省の調整という水準にとどまることなく、経済産業省、財務省、厚生労働省、総務省、環境省、デジタル庁などの数多くの政策領域を包摂すると同時に、これまで論じてきたような多層的な国際協力を日本が主導していくことが重要となるであろう。

新たな「国家安全保障戦略」へ

２０２２年12月16日に閣議決定された新しい「国家安全保障戦略」では、初めて「経済安全保障」についての独立したセクションが含まれている。そこでは、「経済安全保障政策を進めるための体制を強化」するための措置として、以下のような6点の取り組みの重要性が強調されている。

第1には、「安全保障の確保の推進に関する法律の着実な実施と不断の見直し、更なる取組を強化する」ことである。すでに触れたように、２０２２年5月に経済安全保障推進法が成立したことによって、法的措置が伴う形で政府は一定の経済安全保障に関するガイドラインを明示することになった。まだ不明瞭な領域が多く含まれているが、岸田政権は自らの重要な「公約」を実現したことになる。

第2には、「サプライチェーン強靭化」を進めることである。とりわけ、「特定国への過度な依存を低下させ」ることや、「次世代半導体の開発・製造拠点整備」、さらには、「レアアース等の重要な物資の安定的な供給の確保」が触れられている。これらは、中国を想定して記述されていることは明瞭であろう。

第3は、「重要インフラ分野」について、「政府調達の在り方」や「推進法の事前審査制度の対象拡大の検討」などを通じて、経済安全保障の観点からも取り組んでいくことになる。「重要インフラ」は、国民の生活の基盤である。それを安定的に維持し、防衛していくことが、日本の安全保障の根幹にも関わることだ。

第4は、「データ・情報保護」について、「機微なデータのより適切な管理や情報通信技術サービスの安全性・信頼性確保に向けた更なる対策」の必要が指摘されている。サイバー攻撃などによる政府の機密や民間の機微なデータの漏洩、そして知的所有権の侵害などが、深刻な問題となっている。それらについて、政府としての情報保全の強化は、喫緊の課題となっている。

第5は、「先端重要技術の情報収集・開発・育成に向けた更なる支援強化・体制整備」が指摘されている。多くの分野において、いまや日本の技術的優位性は大きく後退し、そのことは半導体製造などについても妥当する。政府としてそれへの取り組みを強化することが求められている。

最後の第6には、「外国からの経済的な威圧に対する効果的な取組を進める」と記されている。これもまた、中国を想定してのことであろう。東南アジア諸国や豪州など、中国との外交関係が悪化した際に、経済的威圧により大きな困難に直面することが繰り返されている。そのような中国などからの経済的威圧によって、日本の死活的に重要な利益が損なわれることのないように、十分な対策が講じられることが不可欠と言える。

このように、「経済的手段を通じた様々な脅威が存在していること」を前提にして、日本政府として国益と国民の安全を守るためにも、より積極的な対処が求められている。そのような厳しい現状を直視して、必要な施策を求めていることは、高く評価できるだろう。他方で、これらの抽象的な問題意識や対策の必要を、どのように具体的な政策や法制化によって実現していくかが、今後問われるであろう。

「国民経済安全保障戦略」は可能か

このようにして、過去10年ほどの間に日本の国家戦略において経済安全保障が重要な位置を占めるようになりつつあり、その上で日米間でも「コア・パートナーシップ」のような重要な進展が見られたことをこれまで見てきた。国家安全保障戦略とは異なり、国家経済安全保障戦略を策定、推進するためには、経済官庁を含めた複数の省庁間の横断的な協力体制が不可欠となる。さらにはそれに加えて、民間企業が重要な役割を担う以上、官民協力がよりいっそう重要となり、そのための政府の情報提供や指導力が不可欠となる。まだまだ、課題は多いと言わなければならない。

そのような国民の間での官民協力が不可欠となるとすれば、国家のみが戦略を策定、推進すればよいわけではない。それは「国家戦略」ではなく、「国民戦略」でなければならない。それゆえ、「国民経済安全保障戦略」と呼ぶような新しいアプローチが不可欠となるであろう。45年ほど前に「経済安全保障」という概念を日本に導入して、その政策を推進する必要を説いた船橋洋一は、「国民安全保障国家」という言葉を用いて、政府が経済安全保障を含めたより総合的な戦略を立案する必要を次のように説いている。「日本はなお経済大国であるが、エネルギーも海上輸送もサイバーセキュリティも含め、経済安全保障では巨大な〝赤字国〟である。自由で、開かれ、持続的な国際秩序を維持、発展させることが日本の経済安全保障の上で欠かせない[25]」

すでに本章で論じてきたように、日本はこれまで安全保障を考える上で、非軍事的な側面を重視した「シビリアン・パワー」としての安全保障政策を進めてきた。また、「ナショナル・ストラテジー」である以上は、省庁横断的な「政府統一的（whole of the government）」アプローチをとり、また官民連携（public-private partnership）を前提としなければならない。それは、日本の統治における挑戦であることも意味する。

日本は、「国民経済安全保障戦略」を策定して、推進することは可能だろうか。それが可能となり、実効的に推進するためには、従来とは異なる思考と、政策決定過程と、国民的コンセンサスのための戦略的コミュニケーションが不可欠となるであろう。

注

（1）自由民主党政務調査会新国際秩序創造戦略本部「提言『経済安全保障戦略』の策定に向けて」令和２（２０２０）年12月16日（https://storage.jimin.jp/pdf/news/policy/201021_1.pdf）。

（2）「『結論から言うと、戦略に位置づける』岸田文雄首相　総理番が選ぶ『きょうの一言』」『日本経済新聞』（ウェブ版）２０２２年４月６日（https://www.nikkei.com/article/DGXZQOUA065JL0W2A400C2000000/）。

（3）内閣府「経済施策を一体的に講ずることによる安全保障の確保の推進に関する法律（経済安全保障推進法）（令和４年法律第43号）」（https://www.cao.go.jp/keizai_anzen_hosho/index.html）。

（4）同。

（5）内閣官房「国家安全保障戦略について」令和４（２０２２）年12月16日（https://www.cas.go.jp/jp/siryou/221216anzenhoshou.html）。

（６）David A. Baldwin, *Economic Statecraft*, New Edition, Princeton: Princeton University Press, 2020, Preface to the New Edition.（デヴィッド・Ａ・ボールドウィン『エコノミック・ステイトクラフト――国家戦略と経済的手段』佐藤丙午監修、国際経済連携推進センター訳、産経新聞出版、２０２３年）

（７）田所昌幸「武器としての経済力とその限界――経済と地政学」北岡伸一／細谷雄一編『新しい地政学』東洋経済新報社、２０２０年。

（８）Robert O. Keohane and Joseph Nye, *Power and Interdependence: World Politics in Transition*, Boston: Little, Brown, 1977.（ロバート・Ｏ・コヘイン／ジョセフ・Ｓ・ナイ『パワーと相互依存』滝田賢治監訳、ミネルヴァ書房、２０１２年）

（９）船橋洋一『経済安全保障論――地球経済時代のパワー・エコノミックス』東洋経済新報社、１９７８年。

（10）同、ⅱページ。

（11）同、２９５ページ。

（12）Sören Scholvin and Mikael Wigell, “Geo-economic Power Politics: An introduction,” in Mikael Wigell, Sören Scholvin and Mika Aaltola (eds.), *Geo-Economics and Power Politics in the 21st Century: The Revival of Economic Statecraft*, Routledge, 2019.

（13）兼原信克『日本の対中大戦略』ＰＨＰ新書、２０２１年。

（14）Thomas U. Berger, *Cultures of Antimilitarism: National Security in Germany and Japan*, Johns Hopkins University Press, 1998.

（15）中西寛「総合安全保障論の文脈――権力政治と相互依存の交錯」日本政治学会編『年報政治学』第48巻（１９９７年）：97－１１５。

（16）そのような、非軍事領域を中心とした日本の対外政策を、「シビリアン・パワー」として定義することもできる。船橋洋一「冷戦後の世界と日本」船橋洋一編著『日本戦略宣言――シビリアン大国をめざして』講談社、１９９１年、45ページ；細谷雄一「グローバル・シビリアン・パワー２・０」船橋洋一編著『ガラパゴス・クール――日本再発見のための11のプログラム』東洋経済新報社、２０１７年、２７１－２９４ページ。

（17）船橋洋一、マシュー・グッドマン（プロジェクト・ディレクター）「日米経済協力強化プロジェクト・日本語縮小版」アジア・パシフィック・イニシアティブ（ＡＰＩ）、戦略国際問題研究所（ＣＳＩＳ）、２０１８年11月（https://apinitiative.org/GaIeyudaTuFo/wp-content/uploads/2019/02/Japanese-version.pdf）。

（18）内閣官房「国家安全保障戦略について」平成25（２０１３）年12月17日（https://www.cas.go.jp/jp/siryou/131217anzenhoshou/nss-j.pdf）。

（19）外務省「日中関係の改善に向けた話合い」平成26（２０１４）年11月７日（https://www.mofa.go.jp/mofaj/a_o/c_m1/cn/page4_000789.html）。

（20）「国家安保局に『経済班』発足　新型コロナ対応も急務」『日本経済新聞』（ウェブ版）２０２０年４月１日（https://www.nikkei.com/article/DGXMZO57510630R00C20A4PP8000/）。

（21）北村滋／大藪剛史聞き手・構成『経済安全保障――異形の大国、中国を直視せよ』中央公論新社、２０２２年、15ページ。

（22）外務省「日米競争力・強靭性（コア）パートナーシップ」２０２１年４月16日（https://www.mofa.go.jp/mofaj/files/100194418.pdf）。

（23）同。

（24）外務省「林外務大臣とタイ米国通商代表との会談及びワーキング・ディナー」令和３（２０２１）年11月17日（https://www.mofa.go.jp/mofaj/press/release/press4_009180.html）。

（25）船橋洋一『国民安全保障国家論――世界は自ら助くる者を助く』文藝春秋、２０２２年、７ページ。

第3章 日米関係と経済安全保障

神保 謙

1 戦略的競争としての経済安全保障

日米関係において経済安全保障が重視されるようになった背景には、米国の対外政策における戦略的競争（Strategic Competition）の概念が経済分野を射程に入れたことに起因する。米バイデン政権で国家安全保障会議（ＮＳＣ）のインド太平洋調整官に任命されたカート・キャンベル（Kurt M. Campbell）は、スタンフォード大学で開催された会議において、米国の対中政策に関して「関与政策と幅広く表現されていた時代は終わった」と宣言し、今後の「主要なパラダイムは競争ということになる」と言及した[1]。

米国の対中政策にはオバマ政権後期からトランプ政権にかけて、構造的とも言える変化が生じている。[2] トランプ政権は2017年12月に発表した「国家安全保障戦略（NSS）」において、中国を「現状打破国家」とみなし、2018年1月に要旨が公表された「国家防衛戦略（NDS）」では、中国が「長期的な戦略的競争」の相手国と位置付けられた。[3] また2018年10月のペンス副大統領の演説は、中国の軍事、経済、政治体制、社会に対する包括的な警戒を先鋭化させた内容となった。[4]

こうした対中政策の包括的な競争路線は、とりわけトランプ政権後期の対中経済政策によって鮮明になっていった。トランプ大統領は中国との貿易に包括的な制裁関税を課し、貿易戦争は熾烈化していった。また、中国企業を主たる念頭に置く対内投資規制と審査の強化、先端技術の輸出規制、政府調達分野における中国製品の規制など、中国との経済的取引を制限する措置を矢継ぎ早に展開していった。そして、さらに人権分野でも香港における民主化デモ弾圧や、新疆ウイグル自治区問題をめぐり、米政府は中国に対する批判と圧力を強めていった。

この時期に注目すべきは、米国内においてトランプ政権及び共和党保守派のみならず、民主党議員やシンクタンク、米産業界などが軒並み中国に対する姿勢を硬化させたことである。2018年の中間選挙では米下院で民主党が地滑り的勝利を収め、主要な政治課題で共和党政権との対立を深めていた。しかしこと中国関連法案に関しては、台湾旅行法、アジア再保証推進法、台北法、香港人権・民主主義法、ウイグル人権法、外国企業説明責任法、香港自治法などの数多くの法案で、ほぼ全会一致で可決している。

これらから得られる重要な示唆は、米国の対中政策で「戦略的競争」を追求する路線は超党派的に共有されており、また「関与とヘッジ」を揺れ動く振り子構造としての対中政策の理解は、ほぼその基盤を失ったということである。[5] バイデン民主党政権が発足したのちにも、トランプ前政権が追求した対中強硬路線が継承され、そしてさらに競争が激化しようとしていることはその証左である。それが、冒頭のキャンベル発言における「関与政策と幅広く表現されていた時代は終わった」という認識に結びつく。

米国が中国に対する戦略的競争を全面的に追求することを宣言したのは、前述のトランプ政権におけるＮＳＳとＮＤＳである。ＮＳＳは「インド太平洋地域では自由主義的秩序か、もしくは抑圧的な秩序かをめぐる地政学的競争が生じている」という世界観を示している。[6] 中国はロシアと並び「リビジョニスト」として、インド太平洋地域で米国の優位性を奪い、中国にとり望ましい秩序に改編しようとする国家として位置付けられている。

ＮＤＳは「米国の安全保障の最大の課題は国家間の戦略的競争」だとより明確に述べている。ＮＤＳの想定する世界の戦略環境は、中国とロシアが自らの権威主義に調和する世界の構築と、他国の経済、外交、安全保障の意思決定に対する拒否能力を獲得しようとしていることである。特に中国は、軍事力の近代化、外交上の影響力行使、侵略的な経済活動を通じて、インド太平洋地域の秩序を自らに都合よく変革しようとしているとする。

これらの戦略認識の背景には、中国の軍事的台頭により、米国の軍事面での優越がもはや当然視できず、将来の優位も保証できないという評価がある。特に西太平洋に面する中国の周辺地域では、中国の接近阻止・領域拒否（A2／AD）能力が拡張し、米軍が戦力投射するコストを大幅に上昇させている。台湾や南シナ海などが含まれる「第一列島線」内の、有事における米軍の作戦行動は、中国の作戦航空機や海上戦力に徐々に優越性が脅かされ、また第一列島線を越えた広域でも、弾道・巡航ミサイルによる拒否能力に向き合わなければならなくなった。こうした中で、台湾や南シナ海をめぐる米軍の抑止・対処能力も相対的な低下を余儀なくされている。

　中国との戦略的競争は、こうした従来の領域における米国の優位が当然視されない前提から組み立てられている。安全保障の領域では、中国の空海軍力の近代化とともに、米国の一方的優位が脅かされている。しかし潜水艦を中心とする水中戦や、電子戦領域における優位、宇宙、サイバー、無人兵器、指向性エネルギー兵器（DEW: Directed-Energy Weapon）などの新領域を組み合わせたマルチ・ドメインの戦闘領域を確立することにより、中国に多大なコストを強いる競争を目論む。

　また経済の領域では、自由で開かれた経済秩序が国家資本主義を背景とした中国の経済的台頭を放任したという強い危惧がある。より強い政策介入で米中貿易不均衡を是正し、米国に対する投資を制限し、次世代技術に対する中国のアクセスを規制し、さらに自由で開かれたインド太平洋戦略によって一帯一路構想を牽制する。こうした一連の政策がトランプ政権期に体系的に模索されることとなったのである。

２　対中強硬路線への融合

冷戦後に長らく維持されてきた米国の対中関与アプローチは、２０１０年代後半から大きく後退し、トランプ政権では戦略的競争アプローチが主流となっていった。この時期の最も重要な変化は、かつてのような関与とヘッジの振り子現象のようなソフト・ハードアプローチの力点の相互揺り戻しが、もはや米国の対中政策の力学から失われたことである。[7] 米国の対中政策は、全面的な戦略的競争が追求され、そして行政府、議会、産業界から米市民に至るまで、超党派で広く合意された認識として定着しつつある。

米国内で中国に対する戦略的競争を追求する広範な合意が形成された背景には、少なくとも以下のような４つの背景がある。第１は、米国の軍事・経済・技術的な優位性が中国に本格的に脅かされていることである。軍事的領域では前述の伝統的領域における米軍の優位性が自明でない状況が生まれていることに加え、先端技術（精密誘導兵器、高性能センサー、無人化システム、ＤＥＷ、ナノテクノロジー、ＡＩ、量子技術等）の軍事的応用についても、中国が急速な実用化を果たそうとしていることがある。

第２は関与政策を続けることによって、やがて中国がリベラルな変革を果たすという期待が大幅に後退したことである。習近平政権は、中国国内の政治・経済・社会の統制を強化し、思想や表現の自由を大幅に制約し、中国国内における自由な言論の幅は縮小した。また、習近平自らが国家主席の任期撤廃を目指し、憲法改正によって「２期10年」までとする規制を変更したことは、権威主義国家の権力集中と政治的自由化の後退を決定付けた。またオバマ政権時の米中首脳会談での合意に反して、南シナ海の軍事化を進め、サイバー攻撃による機微技術のデータ窃取の試みを継続したことも、民主党関係者を失望させた。さらに、香港における民主化弾圧、新疆ウイグル自治区における強制収容・労働問題も、人権問題に関心の高い民主党関係者の問題意識を高めた。このような背景から、トランプ政権が推進した対中強硬姿勢は、バイデン民主党政権にも引き継がれていった。中国がリベラル変革を果たすという期待の挫折が、戦略的競争の超党派での合意へと結びついたのである[8]。

第３は米産業界と通商規制当局の対中姿勢の硬化である。米国の主要産業界は中国との貿易投資関係の主要な受益者であり、長らく中国市場の将来性を成長の源泉と捉えてきた。しかし、２０１０年代は米産業界から中国市場における不満や失望が表明されることが増えてきた。さらに米ホワイトハウスは２０１８年６月に「中国の経済的威圧に関する報告書」を発表し、中国の国内市場保護、補助金等の優遇政策によるグローバル市場におけるシェア拡大、天然資源のグローバルな確保、主要技術及び知的財産の獲得、新興ハイテク産業の推進を「経済的威圧行動」とみなし、厳しく対処する方針が確認された[9]。

ここで焦点となる中国の経済的威圧行動は、①物理的及びサイバーによる技術・知的財産の取得（経済的諜報機関による技術と知的財産の物理的取得、サイバーによる諜報と窃取、米国輸出管理規則の狡猾な回避）、②強制的・介入的な規制（外国の所有権制限、不当な許認可とライセンス要件、差別的特許、技術と知的財産の移転を強制する審査、データローカライゼーションの強制、中国共産党による組織管理等）、③経済的抑圧（レアアース等の原材料の輸出規制、独占的購買力によって相手国から譲歩を引き出す）、④情報収集（オープンソースによる科学技術情報の獲得、在米中国人による情報収集）、⑤中国政府の後ろ盾による技術獲得のための投資、など広範な分野にわたる。こうした問題意識から展開された諸政策については、次節に述べることとする。

第4は、米国市民社会における中国に対する広範な認識の悪化がある。ピュー・リサーチセンターの米世論調査によれば、中国を「好ましくない」と考える米国人は２０１８～19年に大幅に増加（２０１７年47％→２０１８年60％→２０１９年66％→２０２０年73％）している[10]。その中では、米国世論の中で中国を「主要な脅威」と考える割合の増加、習近平国家主席に対する信頼の低下、グローバルな環境問題に対する中国の悪影響、サイバー攻撃、貿易不均衡や雇用への悪影響、人権問題などが「好ましくない」認識に結びついている。また２０１９年末に発生した新型コロナウイルスの世界的感染拡大において、中国武漢市における初期対応の遅れに関する不満が、中国への認識をさらに悪化させた。

また米社会における中国のイデオロギー的な浸透工作に対しても、厳しく対抗すべきという認識が広まっていった。米国内の財団、研究・教育機関では、中国からの資金提供や雇用関係を含む人材の提供を制約するようになった。中国語教育や文化普及を目的として海外の大学等と連携する孔子学院は、2017年には米国内に103校の設置が確認されていた[11]。しかし、孔子学院は中国政府が出資して、米国の大学等で中国政府のプロパガンダと有害な影響を拡散する機関だという認識が米社会で広まっていった。米国務省は2020年8月に孔子学院米国センターを大使館や領事館と同等の「外国公館」として登録し、所有資産などの監視を強化するとともに、ポンペオ国務長官は米国内のすべての孔子学院の閉鎖を公然と促した。こうした流れの中、中国との学術交流に対する制限、中国から大学基金やシンクタンクへの資金の流入に対する警戒感が急速に広まっていった。

3　エコノミック・ステイトクラフトの包括的適用

米国の対中関与によって中国の変革を促すアプローチが大幅に後退したことは、米国内に中国との共存共栄は政策路線として追求不可能だという広範な合意をもたらしていった。この新しい超党派的合意は、対中政策における軍事的な対抗路線に対する支持を拡大するとともに、経済的には中国の不公正な経済活動による発展や新興技術の獲得を厳しく制限し、外交では米国と価値を共有する国々と連携し、イデオロギー的な対立を深めていく構図が確立していった。

トランプ政権初期の米中関係は、２０１７年４月の米中首脳会談（マル・ア・ラーゴ会談）での閣僚級包括的対話メカニズムや、包括的経済対話の設置等が合意され、米中関係は緊張を孕みながらも調整可能な範囲で推移するという期待さえ芽生えた時期だった。実際トランプ大統領は、主として中国との貿易不均衡への問題意識を重ねて提起し、自らの支持母体である米白人労働者層の経済的権益を保護しつつも、米国製品の対中輸出拡大についてはむしろ積極的だったのである。

しかしトランプ政権は２０１７年12月のＮＳＳ２０１７が「経済安全保障は国家安全保障である」（Economic security is national security）という認識を掲げ、公平性・互恵性・規則の忠実な遵守に根差す経済関係を歓迎するが、違反行為・欺瞞行為・経済的侵略からは目を逸らさないという方針を確認していた。ＮＳＳ２０１７は歴代のＮＳＳと比較して、米国の安全保障に関わる経済関係と革新的技術の推進と保護を強調するものとなっていた。

こうした安全保障と経済政策との融合を決定づけたのが、２０１８年８月に米連邦議会で成立したＮＤＡＡ２０１９（米国国防権限法２０１９）である。[12] 国防権限法は米国の国防予算（基本予算及び海外作戦経費）の大枠、核兵器プログラム関連予算、米各省庁の国防政策への取り組みの拠出権限に加え、米国防政策全般に関する議会の方針を決定する年次法である。ＮＤＡＡは安全保障政策と深く関わり合う諸政策の省庁横断的な権限や、法的・予算的根拠を与える媒体ともなっている。

ＮＤＡＡ２０１９で注目されたのは、本法律に米国の経済活動としての対内投資規制、米国からの対中輸出管理の強化、政府調達に関する規制、新興技術の開発推進と技術流出の保護に関する包括的な方針が示されたことである。米連邦議会は２０１８年８月にＦＩＲＲＭＡ（Foreign Investment Risk Review Modernization Act：外国投資リスク審査法）を制定し、ＣＦＩＵＳ（Committee on Foreign Investment in the United States：対米外国投資委員会）の権限を強化した。外国企業が米国の機微技術や重要インフラ等への投資、機微な個人データの窃取などを防ぐために、ＣＦＩＵＳの審査対象を拡大し、審査体制も大幅に強化された。[13]

またＥＣＲＡ（Export Control Reform Act：輸出管理改革法）は、米国の輸出管理政策の権限を行政府に付与し、違反者に対する罰則を規定して重要技術の国外への流出を規制する枠組みである。ＥＣＲＡは米国の国家安全保障上重要な新興技術と基盤技術の管理を強化する権限を商務省に与え、同省は新興技術として14分野（バイオテクノロジー、ＡＩ、測位、マイクロプロセッサー、量子情報、ロボティクス、極超音速、先端材料など）を発表した。

政府調達分野では、ＮＤＡＡ２０１９の第８８９条で米政府機関が懸念ありと指定した企業の通信・監視ビデオ関連の製品・サービスを調達することを禁止した。米政府機関は、同条文で指定された中国企業5社（ファーウェイ、ＺＴＥ、ハイクビジョン、ダーファ・テクノロジー、ハイテラ）が提供する通信・監視機器・サービスの利用を禁止した。また２０２０年８月以降は、この規定がさらに拡大され（第二段階規制）、米政府機関が該当の中国の通信・監視企業の機器やサービスを利用する企業が、米国政府機関へ製品の納入をすることが原則禁止された。

ＥＣＲＡの下位法令であるＥＡＲ（Export Administration Regulations：米国輸出管理規則）はＥＣＲＡ

で規制される具体的な品目を定める。ＢＩＳ（Bureau of Industry and Security：米商務省産業安全保障局）は、米国の外交・安全保障上の利益に反する企業・機関を「ＥＬ（エンティティ・リスト）」としてリスト化している。ＥＬに掲載された企業に物品やソフトウェア、生産・開発に必要な技術を輸出する場合は、商務省の許可が必要となるが、事実上申請は却下されることとなる。ＥＬは米国外の企業にも域外適用され、米国企業の製品やソフトウェアが一定割合以上含まれれば、他国製品も規制の対象となる。

さらにＥＣＲＡは２０２０年4月に軍事エンドユーザ規制を導入し、また従来の軍事エンドユースの定義を拡大した。この規制により中国の軍事エンドユーザ（いわゆる「軍民融合企業」も含まれる）に対する輸出、再輸出、中国内移転については、たとえ用途が民生であってもＢＩＳの許可が必要となった。また、米国防総省は２０２０年から「中国軍に所有または管理されている中国企業」のリストを作成して公開している。この中には中国十大軍需企業集団、軍事関連大学など広範な中国の軍産複合体が含まれている。これらは国防総省が中国の軍民融合戦略の中で軍の所有・管理下にあると考えられる企業を独自にリストアップしたものであり、米商務省の対中軍事エンドユーザ規制に引き継がれるとともに、大統領令によって米国企業・人に対する同リスト対象企業の株式売買の禁止措置（米財務省外国資産管理室所管）がとられることとなった[14]。

こうした対内投資・輸出管理・新興技術管理の具体的な政策として注目されているのが、機微技術のサプライチェーン見直しである。また米バイデン政権は「サプライチェーン見直し」について

２０２１年に4分野（半導体、大容量電池、医薬品、レアアース）、同年12月末にさらに6分野（防衛／公衆衛生、バイオ危機管理、ＩＣＴ［情報通信技術］、エネルギー、運輸、農産物／食料生産）のレビューを実施した。[15] これらの機微技術や重要産業について、米国内での生産や有力企業を抱える同盟国と連携して、中国依存からの脱却を目指す狙いがある。

たとえば、半導体で焦点となった台湾の大手半導体ファウンドリーＴＳＭＣ（台湾積体電路製造）に対して、米政府は半導体製造工程に米国企業の製品が使用されている場合の特定中国企業（ここではファーウェイ向け）への輸出を事実上禁止したため、中国向けの受注を見直さざるを得なくなった。同時に、米国は米アリゾナ州にＴＳＭＣの工場を誘致し米国内での生産体制を強化することとなった。こうして、機微技術のサプライチェーンの見直しは中国企業との取引禁止と自国もしくは同盟国への産業政策との組み合わせとして推進されていく方向性が示されたのである。

冷戦後の米中関係の安定化機能をもたらしていた経済的な相互依存関係や、貿易・投資関係の拡大への期待は、「戦略的競争」概念の本格的な導入によって大きく後退することとなった。米国のエコノミック・ステイトクラフトの目的は、米国が中国の生産・資本・技術への依存度を減らして中国の報復や制裁に対する耐性を高めるとともに、企業活動に中国以外の選択肢を広げて活動の自由度を高めることにある。

4　経済安全保障法案と日米の協調

日本の経済安全保障の枠組みは、米政府がこれまで展開してきた経済安全保障政策と軌道を合わせて展開している。経済安全保障法案の中でも重視されている「特定重要技術」の開発支援について、政府は20の産業分野を絞り込む方針と報道されている。この20分野はほぼ米国のＥＣＲＡ14分野と符合する。この20分野に日本独自の特定を見出すことができるのは「先端エネルギー・蓄エネルギー」「化学・生物・放射性物質及び核」の項目である。日米の政策協調を目指しながら、日本独自の優先順位を同時に示したと捉えることができるだろう。

米国との輸出管理をめぐる政策協調はとりわけ重要な領域となった。米国の再輸出規制の域外適用には日本の産業界からの批判も根強い。米国が日本とともに新興技術の対象や懸念すべきエンドユーザに対する情報交換を平素から行い、ＥＬや軍民融合企業指定などの規制措置については、米国の一方的指定ではなく同盟国との協議を前提とすべきだ。そのために、日米経済分野の２＋２閣僚協議の枠組みで、日米のハイレベル協議を実質的な政策協調の場として発展させることが重要であろう。

その一方で、日本は「戦略的不可欠性」の観点からも日本国内の民生技術の開発とその活用を抜本的に強化することが重要である。日本の産業界の保有する素材、要素技術、基礎研究、基盤技術を十分に掘り起こし、日本の防衛に資する新興技術を育成することが肝要だ。

5 軍事的分野への適用

経済安全保障の核にあるハイテク分野の産業競争に向き合うには、安全保障と軍事技術（ゲームチェンジャー技術）の動向を理解することが不可欠である。現代の安全保障は、新興技術によって戦略・作戦・戦術を変革する過渡期・発展期にある。技術革新はこれまで何度も軍事領域に変革をもたらしてきたが、現代の特徴はこの変革を牽引しているのが、急速に進展する民生技術であることだ。

ロボティクス、ＡＩ、量子技術などの技術は、民間の産業競争力のコア技術であるとともに、軍事力にも応用可能な軍民両用（デュアルユース）技術である。これら新興技術は伝統的な軍事技術の価値や位置付けを変え、新たな戦闘トレンドを作り出している。この動向を新興技術の発展に支配的な影響力を持つ民間セクターとともに産官学で理解を深め、現代の経済安全保障論に位置付ける必要がある。

軍事技術の変化と戦闘のトレンド

軍事領域の経済安全保障の議論の前提となるのは、現代の安全保障で注目される3つの戦闘トレンドである。第1に、戦闘領域（ドメイン）や主体が融合し不明確化することである。陸海空の伝統的な戦闘領域と、宇宙・サイバー・電磁波などの領域と、無人化・自律化システムの領域を組み合わせ、その相乗としてマルチ・ドメイン作戦を実行することが重視されている。

第2に、物理的領域での戦闘空間の高速化と、サイバーや認知領域での競争空間の常在化という2つの時間が併存していることである。情報通信技術やAIの発展により、高度な戦場認識や戦闘管理が瞬時に実行され戦闘全体が高速化している。他方で、日々実行されているサイバー攻撃や情報戦のような認知領域は常在戦場となる。

第3に、軍事技術が高機能・集約型と単機能・分散型に2極化する傾向があることである。莫大な開発コストを伴う次世代戦闘機・イージスシステム・衛星コンステレーションのような、ハイエンド技術の統合トレンドの一方で、廉価な無人航空機のスウォーム攻撃や3Dプリンタによる使い捨て型兵器に至るまで、ローエンド技術による戦場の変革も重要だ。

ゲームチェンジャー技術——次世代の戦闘を規定

こうした次世代の戦闘を規定するのがゲームチェンジャー技術である。その第1は無人化システムとロボティクスである。陸海空すべての領域において急速な技術開発が進む無人化技術は、指揮統制、戦場認識／空間管理能力、戦力投射能力に著しい変化をもたらしている。さらにＡＩによる作戦・戦術・交戦の自動化・自律化が進展すれば、中間階層における人的介在を最小限とした自律的な指揮統制メカニズムが軍の行動を形作る時代が到来するかもしれない。

第2は高出力エネルギーである。とりわけＤＥＷは、砲弾やミサイルなどの運搬手段によらず、意図した目標に対して指向性エネルギーを直接照射することによって、目標物を破壊もしくは機能を停止することが目指されている。また、高出力マイクロ波によって発生するＥＭＰ（電磁パルス）が、電磁波によって情報・電力インフラに不可逆的な損失を与える兵器として実用化されることも目前となっている。

第3は量子技術である。量子技術もこれまでの軍事の常識を凌駕する革命的変革をもたらす可能性が高い。量子コンピュータは、大規模データの高速処理により戦闘システム能力を飛躍的に向上させ、量子センサーは航空機の気流変化や潜水艦の水流変化を感知し、量子レーダーはステルス機さえ探知し、量子暗号は公開鍵暗号の解読を可能とする。

軍事領域の経済安全保障1——新興技術を保全する

経済安全保障政策はこれら新興技術と軍事領域のつながりに、「保全」「育成」「連携」という3つの方針で臨む必要がある。まず喫緊の対策を必要とするのは、機微技術を流出や窃取から「守る」措置の徹底である。米中両国の技術覇権が熾烈化する中で、米国は「ＮＤＡＡ２０１９」に付随する措置として、対内投資規制、機微技術の輸出管理の強化、政府調達に関する規制を推進している。また米バイデン政権の下では、機微技術に関するサプライチェーンの見直しも包括的に進められている。

日本の経済安全保障政策においても、機微技術の管理について更なるガバナンス体制の確立が重要となる。第１に、対内投資規制については２０２０年の改正外国為替及び外国貿易法（外為法）によって、外国人による日本買収手続きを厳格化する措置がとられている。ただ投資審査をする体制は十分とは言えず、米国のＣＦＩＵＳのような常設化された審査体制を整備することが求められる。

第２に、安全保障貿易管理の強化も喫緊の課題である。日本では経済産業省を中心に、幅広い対象の新興技術の移転（貨物の輸出・技術の提供）を規制する措置を、大学、企業、研究機関に向けて啓発に努めている。広範な民生技術が対象となり、各企業や研究機関の輸出管理体制の拡充に努め、不必要な貿易投資の萎縮を招かないようにすることも重要である。

第３に、日本の防衛産業、機微技術を扱う事業者、重要インフラ事業者などの機密を保全するセキュリティ・クリアランス制度を確立することが重要である。機微技術や機密情報へのアクセスを階層に応じた許可制とするとともに、情報保全体制の整備を通じて国際連携の推進を図るべきである。

軍事領域の経済安全保障２——新興技術を育成する

日本は「戦略的不可欠性」の観点からも、新興技術の開発と活用を抜本的に強化することが重要である。日本の産業界の保有する素材、要素技術、基礎研究、基盤技術を十分に掘り起こし、日本の防衛力に資する新興技術を育成することが肝要だ。特に従来の安全保障技術研究推進制度による基礎研究支援に加えて、基礎技術を装備化につなげる「橋渡し研究」や、技術と防衛構想をつなげる「将来戦研究」を総合的に推進することが求められる。

日本における防衛技術の研究開発は、長らく他国に比して低水準で推移していた。しかし、令和４年度概算要求において防衛省は研究開発費に３２５７億円（対前年度比１１４１億円増）を投じることを発表し、防衛技術に関するシンクタンク機能の強化や、ゲームチェンジャー技術の早期実用化に資する取り組みに本腰を入れる。防衛産業・技術基盤の強化とともに、新興技術の開発と実装化に向けたスキーム強化をさらに推進することが望ましい。

軍事領域の経済安全保障３——国際的な連携を推進する

経済安全保障と軍事技術をめぐる重要な論点は、国際的な連携を推進することである。日米同盟の観点からは、ミサイル防衛（ＳＭ-３ブロックⅡＡ）の共同技術開発が実施され、すでに完成品を配備する段階まで進捗した。日米の防衛装備品をめぐる次の柱となる共同技術研究・開発の推進が望まれる。日米が直面するのは今世紀最大の安全保障上の課題と言える中国との戦略的対峙である。日米が軍事技術をめぐる共同研究・開発を通じて、この安全保障上の課題を克服する国防・産業協力を推進することが望まれる。

米国との輸出管理をめぐる政策協調はとりわけ重要である。米国の再輸出規制の域外適用には日本の産業界からの批判も根強い。米国が日本とともに新興技術の対象や懸念すべきエンドユーザに対する情報交換を平素から行い、ＥＬや軍民融合企業指定などの規制措置については、米国の一方的指定ではなく同盟国との協議を前提とすべきだ。そのために、日米で外務・経産省によるハイレベル協議を定例化することが重要であろう。

最後の論点は、防衛装備品の海外移転の推進である。防衛装備移転三原則（２０１４年）の決定から10年が経過したものの、日本からの防衛装備移転はオーストラリアへの潜水艦、タイへの防空レーダー、インドへの救難飛行艇などがいずれも失敗し、フィリピンへの監視レーダー輸出を除き、確たる成果を挙げていない。日本の防衛産業が海外市場を獲得し、日本と友好国との防衛協力を推進するためにも、防衛装備品移転を強化するガバナンス改革は急務である。

経済安全保障をめぐる議論で、日本は戦略的な自律性と不可欠性の確保を重視した議論を進めている。安全保障分野での取り組みの課題は山積みだが、その前提として軍事領域の技術への洞察力を深めることが重要である。

注

（1）N. Ronkin, "White House Top Asia Policy Officials Discuss U.S. China Strategy at APARC's Oksenberg Conference," *All Shorenstein APARC News*, May 27, 2021.

（2）こうした対中政策の変化を最も詳細に捉えているのが、森聡「アメリカの対中アプローチはどこに向かうのか」川島真・森聡編『アフターコロナ時代の米中関係と世界秩序』東京大学出版会、２０２０年。

（3）U.S. White House, *National Security Strategy*, December 2017; U.S. Department of Defense, *Summary of the 2018 National Defense Strategy of the United States of America: Sharpening the American Military's Competitive Edge*, January 2018.

（4）"Vice President Mike Pence's Remarks on the Administration's Policy Towards China," October 4, 2018.

（5）A. L. Friedberg, "Competing with China," *Survival: Global Politics and Strategy*, 60(3): 7–64.

（6）U.S. Whitehouse, *National Security Strategy, op.cit.*

（7）このような見方を解説するのは、A. L. Friedberg, "Competing with China," *op.cit.*

（8）K. M. Campbell and E. Ratner, "The China Reckoning: How Beijing Defied American Expectations," *Foreign Affairs*, 97(2): 60–70.

（9）U.S. White House Office of Trade and Manufacturing Policy, *How China's Economic Aggression Threatens the Technologies and Intellectual Property of the United States and the World*, June 2018.

（10）Pew Research Center, "Americans Fault China for Its Role in the Spread of COVID-19," July 30, 2020.

（11）National Association of Scholars, "How Many Confucius Institutes Are in the United States?," Updated May 18, 2021.

（12）115th Congress of the U.S. "John S. McCain National Defense Authorization Act for Fiscal Year 2019"（H.R.5515）.

（13）ＣＦＩＵＳの権限の強化については、平木綾香「米国の対内直接投資規制強化の推移：ＣＦＩＵＳ改革の政治過程」２０１９年度慶應義塾大学大学院政策・メディア研究科修士論文（２０２０年）を参照。

（14）他方で、米国防総省の中国軍民融合企業のリストには杜撰な手続きが指摘され、２０２１年には指定された企業との複数の訴訟で敗訴するケースも出ている。具体的には「シャオミ vs 国防総省」判例、United States District Court for the District of Columbia, "Memorandum Opinion" Xiaomi Corporation, *et.al.*, Plaintiffs, v. Department of Defense, *et al.*, Plaintiffs, Defendants, Civil Action No.21–280（RC）及び「ルオクン・テクノロジー vs 国防総省」判例、United States District Court for the District of Columbia, "Memorandum Opinion" Luokung Technology Corp, *et.al.*, Plaintiffs, v. Department of Defense, *et al.*, Defendants, Civil Action No.21–583（RC）を参照。

（15）U.S. White House, “Executive Order on America’s Supply Chains,” February 24, 2021.

第4章 デジタル・サイバー安全保障

村井 純

1 サイバーセキュリティ新時代に

2020年からの3年余りにわたり、人類はグローバルパンデミックを経験した。これによってデジタル技術とインターネットによって構成されるサイバー空間の恩恵や課題をほとんどすべての人が意識する歴史的な経験を共有した。同時に、サイバー空間の濫用や悪用による新たなインシデントも多数経験した。特に、電子メールの添付ファイルを用いた技法としては古典的であった攻撃に暗号通貨による身代金要求が組み合わさることによるランサムウェア攻撃は、COVID-19（新型コロナウイルス感染症）に苦しむ医療機関やエネルギーなどの重要インフラストラクチャーへの致命的な打撃を与え、コロニアル・パイプライン、ワクチン製造など命に関わるインフラに対しても極めて有効な攻撃となってしまった。サイバー空間の新たな緊張は空間的なつながりだけではなく、サプライチェーンの産業構造的な連続性による新たな脆弱性をも浮き彫りにした。

　そして、２０２２年２月24日に開始されたロシアによるウクライナ侵攻は、ＣＯＶＩＤ-19までに経験され対応されてきたサイバーセキュリティに関するアクター、対象領域、目的、攻撃技術などのあらゆる面で新しく真剣な事象が発生した。それにともない、ロシアとウクライナの当事国に限定しない、グローバルに連結するすべてのデジタル社会における有事や安全保障に関するサイバーセキュリティの体系化の必要性を思い知らされる、別の意味での歴史的な契機となった。

　特に我が国にとってはこの期間、２０２０年の新しいデジタル社会のためのデジタル社会形成基本法、そして、それに伴う２０２１年のデジタル庁の設置、さらに、２０２２年の岸田内閣におけるデジタル田園都市国家構想、２０２３年にはデジタル行政改革会議の発足と、めまぐるしくデジタル社会への変革を推進していた。その最中にこのような新たなサイバーセキュリティに対する状況が変化したことにより、サイバーセキュリティが同じ時期に生まれた経済安全保障政策の核となる領域として国民に認識され、社会に組み込まれなければならないとの認識が確立した。そして、２０２２年４月には経済安全保障推進法が成立し、デジタル社会を前提とした、サプライチェーンなどの経済活動と安全保障の統合的な視点での政策が実行されることとなる。

　歴史的にみると、インターネットを前提としたサイバー空間が安全保障のための舞台になると認識されはじめたのは、わずか20年前のことである。２０００年以前にはインターネットは大学・研究機関やＩＴ関連企業を中心に普及していたが、社会インフラ基盤としての認識はまだほとんどなかった。サイバーセキュリティの初めての民間研究組織としてカーネギーメロン大学にＣＳＩＲＴ（Computer Security Incident Response Team）の起源、ＣＥＲＴ／ＣＣ（Computer Emergency Response Team/ Coordination Center）が設立されたのは１９８８年である。

最初の議論はＹ２Ｋというイベント、年号が１９９９から２０００になるときに、下2桁で年を認識していた一部のソフトウェアの不具合を予想した改修運動が起こったときだった。金融機関のソフトウェアにこの傾向があったために、金融インフラの危機が認識された。ＳＦ映画ではコンピュータの異常が世界で発生して地球が滅亡するというものもあった。だがこれはまだＳＦの世界だった。２００１年9月11日には米同時多発テロが発生した。これを機会に米国は3つの重要な政策的判断をした。１つはこのテロの指示が電子メールを利用したことを認識したことである。２つ目は（実行した航空網からの米国の遮断のように）グローバルなインターネットからの米国の孤立がすでに米国経済の破綻となるという分析をした上で、サイバーセキュリティに関する安全保障上の国家レベルでの関与を決定したことである。３つ目は、従来の国防の概念に加えて、国と国民の安全を統合的に守るための組織、ＤＨＳ（国土安全保障省）を設立し、その中に、サイバー空間での情報やセキュリティの役割を定義したことである。それから20年、世界の経済はデジタルデータを利用する米国起源のグローバルインターネット産業の時代となり、経済の発展と、分断や対立を含む新しい国際社会へと突入した。

２０２０年からの歴史的な経験を踏まえ、国際社会はサイバー空間以前の経済と安全保障の体制に加えて、グローバルにつながるインターネットによるサイバー空間が完全に重なりあった新しい経済と安全保障の体制を確立する必要がある。我々はこの歴史的な期間に、従来には認識しにくかったサイバーセキュリティの課題に直面した。サイバー空間は人類共通の１つの空間であり、その空間の利点をどのように利用するかがデジタル社会やそれを前提とした新しい社会の発展であり、一方、その空間を基盤として利用する犯罪や攻撃にどのように対応し、個人と国土、さらには、この惑星の安全を守るか、この統合的な領域が経済安全保障におけるサイバーセキュリティの本質的な役割である。

2　日本のサイバーランキング

ＩＴＵ（International Telecommunication Union：国際電気通信連合）は２０２１年６月28日「ＧＣＩ（グローバル・サイバーセキュリティ・インデクス）２０２０」を発表した。ＧＣＩ（Global Cybersecurity Index）はＩＣＴ（情報通信技術）を担当するＩＴＵの開発局が担当するデータに基づいて作られた最新のサイバーセキュリティのインデクスに関する報告書であり、我が国は韓国、シンガポール、マレーシアに次ぐ5位とランキングされ、世界では7位となっていた。その後、２０２２年に9位、２０２３年には10位とランキングを下げている。一方、エストニア政府やオープンソサエティ財団によるe-Governance Academy のNational Cyber Security Indexでは、中央政府の体制などを評価した指数で、２０２０年には13位だったが、２０２３年には15位と評価を下げている。ＩＴＵのＧＣＩの発表と同じ6月28日、英国に本部を置くＩＩＳＳ（International Institute for Strategic Studies：国際戦略研究所）は“Cyber Capabilities and National Power: A Net Assessment”として２年間の研究の成果を発表した。ここでは、サイバー能力と国力に特化して15カ国だけを評価した。最近数年に顕在化し、そして、活発化した国家間の戦略的競争がサイバー空間を用いた地経学的なアプローチという視点における米国、中国、ロシアの動きに着目し、サイバー空間のポリシーと政策的機能が国家安全保障の中心的な段階に移行したという観点から評価報告としてまとめられている。ちなみに本報告書ではインド、インドネシア、イラン、マレーシア、北朝鮮、ベトナムとともに、日本は対象15カ国の最下位のグループであるＴｉｅｒ３として分類されている。

日本がこれらの調査で低い評価をされている理由は大きく3つの点がある。１つは、インターネットや5Gの普及やそれらの性能といったデジタル社会の推進に比して、サイバーセキュリティに対する官民個人の体制が十分でない、というアンバランスさが指摘されている点。２つ目は、サイバーセキュリティに対する行政サイドの体制が十分統合的に、また、技術対応的に整備されていない点。そして、３つ目は、安全保障の観点でのサイバー攻撃やサイバー戦争に対する体制が十分でない点である。

3　変化し続けるサイバーセキュリティ上の脅威

ここでは、サイバーセキュリティの脅威を分類し、それぞれが、ＣＯＶＩＤ－19とロシアのウクライナ侵攻を機にどのように発生し、デジタル社会における我が国にどのような意味を持つのかを検証する。

ＣＳＩＲＴからの出発

サイバー攻撃への体制の確立は、攻撃を受けた結果の損害と、その対応から始まっている。攻撃の種類やアクターは次々と変化するので、この情報を共有し対応する必要がある。攻撃の発見から速やかにその対処方法を共有できれば被害の拡大を防ぐことができる。これが、ＣＳＩＲＴ（Computer System Incident Response Team）の機能である。１９８８年にカーネギーメロン大学に設置されたＣＥＲＴ／ＣＣ（Computer Emergency Response Team/Cordination Center）を起源として、ＣＳＩＲＴが国際的な連携をするためのＦＩＲＳＴも確立された。これらは、やがて、サイバー空間の安全保障的な意味が求められてきたことで、多くの政府は政府直営のＣＳＩＲＴの運営を開始している。

ＣＳＩＲＴが対象とするサイバー攻撃は、ホームページの改ざん、ＤＤｏＳ（Distributed Denial of Service：分散型サービス妨害攻撃）によるインターネット上のサービス停止を目的とした攻撃や、情報漏洩のためのさまざまなマルウェア、そして、最近では、暗号通貨による身代金を要求する、ランサムウェアなどが主な攻撃となる。

ホームページの改ざん

１９９０年ブラウザによるインターネット上の情報やサービスへのアクセスの標準化が進むと、本質的にインターネット上のどこからでもサービスへのアクセスが提供されることになった。そもそも、インターネットでの技術の基本のデータ構造となるインターネットプロトコルのデータグラム（インターネット上で転送されるデータの原子単位）には、発信元ＩＰアドレスと送信先ＩＰアドレスが含まれていて、送信先ＩＰアドレスがなければデータは到着することができないが、発信元ＩＰアドレスの特定や認証の一般的な手法は存在していない。そのため、ウェブを通じてサービスを攻撃することが比較的簡単にできることで、サイバーセキュリティの課題としては古典的な領域となった。

その典型的な手口はホームページの改ざんである。この攻撃はやがて、企業や政府のホームページを改ざんし、そこを本来と異なるホームページにして、デモンストレーションを目的とすることで使われる。ウェブサーバの提供するサービスが高度化するにつれて、組織内のダイナミックに変化するデータなどと連携するために、サーバ側のクリティカルな機能へのアクセスを提供することになる。このような背景でホームページの改ざんが深刻さを深める傾向にはあった。

ウクライナ侵攻前後の観測で明らかになってきたことは、改ざんされたホームページの分散と意味、そして、デモンストレーションメッセージの内容の詳細な分析から新たな安全保障上の意味を持っていることが分かってきた点にある。特に２０２１年から２０２２年にかけての世界のサイバー空間での改ざん行為とその内容を総合的に分析する専門家は、たとえば、ロシアのＧｏｏｇｌｅと言われるＹａｎｄｅｘ社の有力な検索やＡＩ、自動翻訳による特徴が、攻撃されたそれぞれのホームページでどのように使われた傾向があるかを総合的に分析することから、その傾向の安全保障上の意味を発見したことを報告している。[1] つまり、従来の技術と運用面からの対策だけでなく、国際政治や思想の流れを加えた分析が必要になることが認識された。新しいサイバーインテリジェンスには、このような分野統括的な知の融合が必要となっている。

DDoS攻撃

ＤＤｏＳ攻撃は古典的なサイバー攻撃で、インターネット上のＢｏｔと呼ばれる中継システムを運営し、また時には管理の甘いコンピュータ上に勝手に中継システムを移植して、そこから特定のサービスにサービス要求を大量に送り続けることで、そのサービスを停止する機能である。古典的だが有効なこの攻撃には、多数の商用攻撃請負サービスが存在する。インターネット上でサプライチェーンを連結するビジネスでの傾向や、行政サービスのオンライン化に伴う各種行政サービスに対するＤＤｏＳ攻撃は直接的に国や企業にダメージを与える攻撃となる。また、対象が重要インフラのサービスとなれば国民への直接の攻撃にもなる。

２００８年の南オセチア侵攻、２０１４年のクリミア併合では、このような古典的な攻撃によるサイバー攻撃が観測されていた。２０１５年にはウクライナの電力グリッドへの攻撃を成功させ、大規模な停電を引き起こしている。

ＤＤｏＳ自体は発生してから攻撃をブロックするまでにそれほどの時間はかからない。これは、ＤＤｏＳが異常なデータトラフィックとして検知されると、インターネットを構成している世界のＩＳＰが相互に異常なトラフィックを認識し、ＩＳＰの境界でその攻撃をブロックする仕組みが機能しているからだ。しかしながらこれらは攻撃が発生してからの対応であり、本質的に開放されているサービスを狙うＤＤｏＳ攻撃の「有効性」は、ある意味で生き続け予知が困難なことが知られている。しかし、ＤＤｏＳがどこにいつ、攻撃されているかという分析は、新しい知を与えることが分かっている。特に、２０２１年暮れから２０２２年にかけての欧州でのＤＤｏＳ攻撃には電力グリッド、水力グリッド、などの重要インフラのパターンがあり、これらの分析が個々の、しかも、拡散している同様の攻撃と時期を広範囲に分析することから、ＮＡＴＯに対するそれまでの政策メッセージの分析などが、ロシアのウクライナ侵攻という安全保障上のアクションの、予知にはつながったことが報告されている。すなわち、個別のＤＤｏＳ攻撃のパターンを複合的な知で分析することができれば、安全保障としての重要な情報を組み立てることができることが証明された。

マルウェア攻撃

　マルウェアは攻撃を目的とした標的となるコンピュータ上で稼働する悪意あるコードそのもののことだ。マルウェア攻撃はマルウェアを標的コンピュータ上に侵入させることから始まるので、電子メールの添付ファイルや、ウェブからのダウンロード、そして、情報システムのソフトウェア更新ダウンロードなどの、インターネットからのソフトウェアの導入経路が侵入経路となる。またデジタルのテレビジョン放送システムや放送型衛星通信システムなどもソフトウェア更新機能を有しているので、この経路が攻撃に利用されることもある。ウクライナや欧州では、米国のＶｉａｓａｔが衛星経由のインターネットサービスを展開していたが、この更新ソフトウェアにマルウェアが含まれ、サービスが停止されたことを受けて、２０２２年にサービスインしたばかりのスペースＸ社のスターリンクの地上局をイーロン・マスク氏が提供したことがよく知られているが、氏は、設置したとたんにマルウェアの攻撃を受けたことと、それに対する更新も終了したことを報告している。

　マルウェアはソフトウェアやコードなので、そのものを分析することでさまざまな情報を得ることができる。ソフトウェアの設計の癖や、コメントとして埋め込まれているシンボルやメッセージから、開発者の類推や、目的を分析できることも多い。

優れたソフトウェア開発に携わるいわゆる「ハッカー」のルーツは旧ソビエト連邦や東ヨーロッパには多い。彼らはいわゆる政府系のインテリジェンスとは異なっていて、マルウェアのコードの中に自身のメールアドレスやその他のＩＤなどを「マーキング」する傾向がある。すなわち、マルウェアを分析する中に署名に近い主張が表現されていることが多い。これらの総合的な分析ができることから、誰が何のための攻撃をしているのか、また、誰が誰に依頼をした攻撃なのかが解明することも知られるようになった。

ランサムウェア攻撃

また、ランサムウェアは、マルウェアとして侵入したコンピュータからアクセスできるデータを暗号化してしまい、その複合のための身代金を暗号通貨で要求する手口となる。

ランサムウェアの大流行は、従来のＣＳＩＲＴによる情報共有だけでは対応できない、①暗号通貨による直接的で足のつかない資金調達、そして、②重要な情報の公開リスクばかりでなく、そもそもサービスの持続性が停止されるので、身代金振り込み期限に攻撃者が安全に資金を調達できる経済活動に有効な点である。

当然、ランサムウェアの攻撃対象はクリティカルで持続性を求められるサービスに集中するので、ＣＯＶＩＤ－19時における医療機関への世界的な攻撃が発生した。

ランサムウェアの仕組みには、「正しい」身代金取引をするためには、暗号化されたデータを複合化するための鍵に対応する「被害者ＩＤ」が含まれているという特徴がある。それによって、身代金の支払いを確認してから、人質のデータを複合して解放するためだ。

一方、ウクライナ侵攻前後の攻撃にはこの被害者ＩＤが含まれていないという観測がある。このことは、攻撃の目的が資金調達から破壊活動に移っていると分析することができる。すなわち、ランサムウェアが、その誕生以来初めて、経済攻撃から、破壊攻撃へと利用されたことが観測されている。一般的に２０２２年に発生したロシアのウクライナ侵攻では、このような国と国の対立に関わる新しいサイバーセキュリティの攻撃手法が発見され、これからそのための分析手法が蓄積されることになる。

4 サイバー空間を舞台にした新しい情報戦争

国や軍や上官としての発信人を詐称した兵士の士気の低下を導くメッセージは、インターネット普及以降の戦争や抗争では日常的に発生しており、これは古典的な情報戦ではあるが、サイバー空間上で展開した新しい情報攻撃であったとも言える。ロシアのウクライナへの侵攻を機会に、これらの情報攻撃は新しい局面も迎えているように分析できる。

２０２２年の1月に有名なランサムウェアハッカーグループのＲＥｖｉｌが米国の要請によりロ

シアによって拘束されたという報道があった。(2) 多くのサイバーセキュリティ上の有名なハッカーグループはその攻撃対象の傾向から、ロシアや中国に存在するのではないかとは言われていたがその確証はなかった。特に政府との直接的な関与の確証は薄かったとも言えた。したがって、米国政府も非常にこの拘束を高く評価するということが表明されている。

これに類似した連続的なサイバーセキュリティ集団のロシアの中でのクリーンアップに関する発表が続くにつれ、これらは次第に別の情報ではないかという分析が始まった。１つは、サイバー空間で有名なハッカー集団をロシア政府は認識し、発見できてそれを拘束する力がある、すなわち、似たようなことをやっても対抗する能力があるというプロパガンダであるという点。そして、もう１つは、彼らを拘束したということは、その力を手にしたということで、その力を所有したというメッセージではないかという点である。これらの動きはウクライナ侵攻の直前で起こっているということ自体が情報攻撃としての意味を持っているという論点がある。

グローバルに連続しているサイバー空間での情報メディア、そして、メディア規制や言語などで地域性を持つナショナル空間の情報メディアの安全保障上の意味も大きく変化した。戦時の政府からのプロパガンダは、ビラや掲示板、そして、新聞記事などから、テレビ放送とオンラインニュースやＳＮＳへと変革した。ロシアによるウクライナ侵攻時の双方のプロパガンダは、敵味方の兵士や国民が対象であり、インターネットメディアで発展したターゲットマーケティングのシステムが高度に利用されている。これによって、移動中や避難中の市民や兵士に双方向の適切なメッセージを展開した。

それに加えて、政府からのメッセージも、SNSを舞台に大統領や大臣レベルの有事外交が行われ、まったく新しい展開となっている。ウクライナのゼレンスキー大統領は、国外逃亡というフェイクニュースに自らのSNSチャネルでのビデオメッセージで国民と兵士に無事を伝え、士気を鼓舞した。国連や各国議会へも直接オンラインメディアで参加したこともよく知られている。

さらに、ウクライナ副首相でありデジタル変革担当のミハイロ・フェドロフ大臣は、2022年2月26日にTwitterで直接、Star X社のイーロン・マスクCEOに低軌道衛星のスターリンク基地局の提供を要請し、10時間後にはマスク氏は、サービスの開始を宣言した。同大臣は、同様にGoogle社、Apple社、楽天グループ社（地域でよく使われているメッセージアプリViberの親会社）、Paypal社へのロシア向けサービスの停止を直接Twitter上で要求し、従来の外交的ルートとはまったく異なる国際的なコミュニケーション、グローバル企業への直接メッセージを展開した。

このようなサイバー空間上の情報戦争はサイバー空間上でオープンにアクセスできる情報を用いて行われる。当然その中には質の悪い情報や恣意的に事実でない情報、ミスインフォメーションやディスインフォメーション、フェイクニュースなどが含まれる。OSINT（Open Source Intelligence：オープンソースインテリジェンス）と呼ばれる、インターネット上でアクセス可能な情報を緻密に分析する手法は、このような情報の真実性をあぶり出し、離散している情報から目的としている情報を計算して導くこともできる。

5 デジタルデータとセキュリティ・クリアランス

デジタル技術の基盤の変化は、情報の発生した位置、個人が必要とする情報、個人が発信する情報、を収集し、それを分析し、あらゆる目的で利用する、ビッグデータとクラウドシステムの体系へと急激に発展した。さらにクラウドシステムで実現される桁外れの計算量によりあらゆる目的に応用可能なＡＩの技術が社会全体を変革する。

２０００年からの二十余年で世界のインターネット人口は６％から75％に伸長し、多くの国では、「ほとんどの人が」インターネットにアクセスしている状態となってきた。デジタルサービスのほとんどが、個人を特定しつつカスタム化したターゲットマーケティングの手法を利用するようになり、人の特定とそこから生まれるデータは、主にビジネスの源泉としてデータ油田と呼ばれるビジネスモデルを使ってＧＡＦＡＭが台頭し、世界経済を牽引した。米国偏重の新たなグローバル産業構造に慌てたＥＵはＧＤＰＲ（General Data Protection Regulation：ＥＵ一般データ保護規則）など、個人情報の懸念で米国と対立した。いまや最大のインターネット利用者を有する中国はインターネットを個人情報の流れの単方向の弁として機能するファイアーウォールで国土全体を包み込んだ。その内側でＧＡＦＡと同等の産業が、国内産業として急速に発達した。単純には人口が多大な中国やインドは最強のポジションにいることになる。先端ハードウェアの技術に加えて、データとソフトウェアによる技術、具体的にはＣｈａｔＧＰＴなどで一般に認識されてきたＡＩのパワーこそが経済と安全保障に与える強力なインパクトとなる。このことを理解し、どのように未来を開拓するかが経済安全保障の核となる。我が国にとっての、ＤＦＦＴ（Data Free Flow with Trust：信頼性のある自由なデータ流通）の議論はデジタルデータがどのように流通することによって国をまたぐサプライチェーンを安全に保ちながら、新しい経済を作り出していくかということだ。

　このようなデジタルデータは、誰がアクセスできるのか。データはどのように、誰から守られるべきなのか。このような視点での、サイバーセキュリティのシステムをコンピュータサイエンスとして捉えることになった。厳密な定義には２つの起源がある。１つはオペレーティングシステムがマルチユーザになってＴＳＳ（タイムシェアリングシステム）の機能が含まれたことにある。ここで、１つのコンピュータの中のデータが、どのユーザによって参照や改変が可能かを厳密に定義するシステムが必要となった。ユーザがコンピュータにアクセスするためのパスワードセキュリティは、高度な暗号機のソフトウェア化によって実現された。さらにこの要求はコンピュータが機微なデータを扱うようになるにつれて高精度な安全が求められ、その一部はより安全に稼働するために半導体とハードウェアそのものにおけるメモリマネージメントなどの機能として実現されるようになった。

2つ目の起源はコンピュータが相互につながるネットワーク化の推進で、データは通信回線によって移動することになり、移動中の漏洩を防ぐためには、送信時におけるデータの暗号化が必要となる。インターネットの発展は、この暗号の鍵を事前に共有しなくて済む、公開鍵暗号の発明に依存するところが大きい。

コンピュータはその高速な計算機能を利用して複雑な暗号と複合機能を提供する。これらによってデータの安全性は必要なレベルに確保することができる。

課題はいくつか残るが、いずれも理論的には解決可能である。たとえば、デジタルデータの暗号は基本的に未来の高速化した計算機によって破られるのではないかという課題には量子計算や量子通信が対応することができる。

データアクセスの問題の本質はどのデータを誰がアクセスでき、それの仕組みを誰がどのように運用するのかという古典的なセキュリティ・クリアランスの問題を、デジタルシステムを前提としてどのように組み立てるのかという点である。

そのためには、正しい人間の認証が行われなくてはいけない。現在のインターネット上の人間に対するＩＤはそれぞれ自律的にそれぞれのシステムの管理者が独自に付けるものであり、そのときの認証の主体は定まっていない。データそのものへのアクセスに対する制御はこの利用者のＩＤに基づいて管理されていて、仮想メモリ上のデータの扱いやハードディスク上のストレージやネットワークに対するアクセスなどにより、正確で事故のないためのアクセス手法は確立している。

次にその認証が一定レベルの信頼に足る形で付与されているのかが明確であること。このようにデータそのものの重要性を分類してどのレベルのデータは誰によってアクセスできるのか、そしてそのデータが流出したときにどれだけの安全性を持った暗号化が施されているのかという点が重要になる。

ウクライナ侵攻の前兆や初期のサイバーセキュリティの情報は、サイバーセキュリティの専門家では多少の共有ができていたとしても、それを有機的にインテリジェンスとして共有したのはファイブ・アイズ（英語圏5カ国によるUKUSA協定に基づく機密情報共有の枠組み）であり、そこでは、定められたデータ構造とその共有のシステム、そして、そこにアクセスできる人を管理するセキュリティ・クリアランスの確立を条件としたオペレーションがあった。ここで議論すべきは、セキュリティ・クリアランスによる情報の共有とアクセスの運用は、デジタルデータを対象とするようになって何が変わるのかを理解することだ。

6　クリティカルインフラストラクチャー

2011年の東日本大震災において、各地の停電地域で、安否確認や一部の研究連絡が実現し、のちの津波被害時の行動分析などの分析が行われたことが被災後の環境設計に貢献している。我が国では世界に先駆けて携帯電話のデバイスのすべてにＧＰＳが組み込まれていたこと、２００７年に登場したスマートフォンが順調に普及していたことなどが前提としてありながら、停電時に通信が可能だったのは国の方針として携帯電話の基地局に整備されていた３時間分のバッテリーによる。スマートフォンが充電されていて、基地局の緊急電源が３時間整備されていたことで、のちの津波被害時の行動分析も３時間は正確に分析することができた。なお、総務省はこれにより、人口密集地を中心に24時間のバッテリー整備のガイドラインを発令している。

災害時の医療、食料などの支援物資のサプライチェーン、避難所の生活支援など、インターネット上のコミュニケーションがライフラインの基盤となったことから、インターネットそのものはサイバー空間における優先度が高いインフラストラクチャーではあるが、その要素であるコンピュータには電力が必要となるため、電力グリッドの安全性と整備は最も重要なインフラストラクチャーとして位置付けられている。

ウクライナでは２０１６年と２０１７年に電力グリッドに対してIndustroyerという名前のマルウェアでのサイバー攻撃を受けていて停電を引き起こしていた。以来、ウクライナはロシアの電力グリッドからＥＵの電力グリッドへの切り替えを２０２３年に計画していた。

２０２２年の２月24日に実行されたロシアによるウクライナ侵攻を機に、６週間に前倒ししてグリッドの接続変更が行われたと報告されている。

今回の侵攻のあとの情報戦が市民や政府関係者のＳＮＳとインターネット上のメディアで行われ

ていることを考えると、攻撃においても、守備においても電力グリッドと通信インフラストラクチャーが中心的な使命を担っている。

米国政府ではＣＩＳＡ（Cybersecurity and Infrastructure Security Agency）が、重要インフラセクターの安全と回復力の政策を担っている[3]。

通信のインフラストラクチャーの強靭さは、電話のシステムが１９８０年代にデジタル通信に切り替わっていく１９８０～１９９０年代の過程で大きく変わってきている。特にインターネットがそれぞれの通信事業者をつないでいく原理と、従来の電話のシステムがそれぞれインターネットに代表されるデジタル通信を担う、パケット通信の技術により、それまでの電話の回線交換と異なって、多様な冗長経路の最適な利用をダイナミックに実現できるようになった。このことが通信のインフラストラクチャーの安全で回復可能な設計にとって重要だ。我が国は太平洋を挟んだ北米に多くの海底ケーブルを敷設してあり、民間のインフラストラクチャーであるが、有事における相互補完の体制などの実績もある。東南アジアへのケーブル群は、インド洋を通じて欧州にも接続されている。

一方、現在新潟と北海道を拠点とするロシアを経由する欧州へのケーブルが、欧州への最短経路となる。さらに、２０２２年4月にはフィンランドと日本の間の北極海ケーブルの計画が発表され、米国周りを含めた4系統のケーブル群が日欧のコミュニケーションを担うことになる。この他、グアム経由のオーストラリアケーブルなど多様なケーブルの接続が存在し、日本がグローバルなデータ流通や通信のインフラストラクチャーとして機能している。

ここでの課題は、ここまでの全体像はこれまで純粋に民間に委ねられていて、我が国を中心としたグローバル網の現状と未来の計画を担う仕組みが存在していないことにある。

こうした状況はかつて米国でも起こっていた。２００４年に米国Tyco Telecommunication社がインドのＴａｔａ社系列のＶＳＮＬ社に売却を発表したとき、米国の政府の指示として運用開始が停止した。この買収が完成したときに、太平洋の海底ケーブルの大半が米国企業の所有から離れることになったことが分かっていた。結果として本件は約1年後にケーブルの一部の利用権を米国企業が維持することで無事運用が開始された。このような動きはTeam TelecomというＦＣＣにおける安全保障上の懸念を行う仕組みが非公式に存在していたためである。

やがて２０１８年にはTeam Telecomの改革法案を可決し、２０２０年に省庁横断の閣僚級の組織を公式化した。これにより、米国企業の一定以上の投資を伴う海底ケーブルや通信事業が政府内での議論の判断に委ねられるようになった。

米国では民間に任せられていた海底ケーブルが、陸揚げ許可以外の視点でも審査される構造ができつつある。この体制はデジタル情報の経路であるグローバルな海底ケーブルを把握し、その戦略の判断を行うことであり、経済安全保障としての官民の戦略共有の体制でもある。

インターネットの通信が宇宙空間から提供されるということは以前から行われてきていており、特に地震災害時に地上のインフラが破壊された場合に衛星からのインターネットの提供によってライフラインが保たれたという経験は我が国の特徴でもある。ただし、従来の衛星、静止衛星は高度３万６０００㎞メートルにあり、伝搬遅延の往復は２５０ミリ秒程度かかる。また、大量のデータには適していない。これに対して低軌道衛星は高度２０００㎞程度の軌道を通るため、地表との遅延ははるかに小さい。

低軌道衛星のインターネットサービスは、スターリンクやOneWebなどが２０２２年にサービスインを果たし、さらに複数の新しい技術を持ったサービスも計画され始めている。イーロン・マスクがウクライナに提供したことでも知られている。これに加えて、成層圏（高度20㎞程度）の無人航空機を中継基地として利用する、ＨＡＰＳ（High Altitude Platform Station：成層圏通信プラットフォーム）の推進が始められた。ドローンを含めたこれらのインフラストラクチャーは、海底や地上のケーブルやモバイルなどの、地上系ネットワーク（Terrestrial Network）に対して、ＮＴＮ（Non-terrestrial Network：非地上系ネットワーク）として分類され、地表のカバレージを飛躍的に広くすることで期待されている。ＮＴＮにはソーラーパネル、バッテリー、無線通信機器など、我が国の技術も期待されており、通信技術に対する経済安全保障の領域としての使命も担うことになる。

7　人材と教育

社会のデジタル化が進展することに伴って、サイバーセキュリティのシステムへの要求も広がる。自動化やより良い安全技術が発展したとしても、新しい攻撃やそれに対応するサイバーセキュリティの専門家人材が不足していることはあらゆるところで議論されている。この問題はすでに長い間指摘されているが、特に我が国では改善されていない。それは、サイバーセキュリティの人材は、運用型の人材であり、さまざまな経験を積み上げることから生まれてくる。つまりセキュリティの課題に直面し、サイバー攻撃の攻守を経験することが必要で、当然大学や研究所での疑似的な現場での人材育成も必要だが、実経験が重要だ。

我が国には2つの基本的な課題があると考えている。1つは、人事の流動性がないことである。ネットワーク運用、特にサイバーセキュリティの経験は多様で真剣であることが望まれる。1つの職場ではそのような多様なインシデントの経験を積むことができない。このことを妨げているのは人事の安定的な囲い込みである。人が流動しなければ、報酬も上がらない。海外で優秀なサイバーセキュリティの専門家の報酬が驚くほど高いのは人事の流動性に起因する。もう1つの課題はセキュリティ・クリアランスのシステムの欠如である。サイバーセキュリティの人材はさまざまな情報や事態に触れることがある。組織にとっても個人にとっても、極めてクリティカルなデータにアクセスすることがあるために、そのアクセス権限を裏付ける信頼と、それに基づいた厳しい守秘契約が必要となる。これが日本の組織には十分存在していない。しかも、人事の流動性とかけ合わせれば、社会としてのコンセンサスがある基準、つまり、セキュリティ・クリアランスの仕組みが不可欠となる。

アクセスしたデータの内容に対しての守秘義務がきちんと守れるのか。そしてアクセスする権限が正しく管理され、不正や事故があればそれが発見でき、トレーサビリティとトラッキングの仕組みが確保されるのか。このようなセキュリティ・クリアランスの枠組みを前提として経験を蓄積するということがサイバーセキュリティの人材には必要となる。

サイバーセキュリティの世界を見ると、セキュリティ・クリアランスをベースにした、人事流動が実現すれば、民間と公共分野でも活発な流動が起こっていることが分かる。これはセキュリティ人材のリボルビングドアと呼ばれている。これがあることで、民間の高い報酬と、公共分野での使命感の充足が交互に実現され、優れた人材が成長しつつ増加することになる。

行政システムのデジタル化には民間の人材雇用が不可欠となる。ここには、政府人材システムのセキュリティ・クリアランスはもちろん、民間でも矛盾のないセキュリティ・クリアランスの確立が急務である。

8 サイバーセキュリティと経済安全保障――日本の課題

我が国がサイバーセキュリティランキングで低い評価となる理由の歴史的な背景としては、3つの要因を考えることができる。

第1の要因は「民任せ」にある。重要インフラ分野などの国営から民営への経済政策としての転換は経済的な発展に有効だった。情報通信分野は、公社による電信電話のインフラストラクチャーから発展途上で学術研究から発展したインターネットへの移行を促すために、民間の主導が重要視された政策が出発点にある。１９８０年代のいわゆる第二電電（現・ＫＤＤＩ）政策が計画どおり推移しなかった反動から、政策は米国式発展を意識して、極めて強い「民主導」の原理で進められた。しかし、「民主導」が次第に「民任せ」へと拡大していくことになった。国内と海外の情報通信に関する規制緩和は、国際海底ケーブルに関する戦略を民間に任せることになった。インターネットに切り替わった情報通信サービスの発展は、国内半導体・電子機器産業の政策と完全に分離され、電信電話時代に世界最先端を誇っていた通信機器産業は我が国から消滅した。電力エネルギー、あらゆるインフラ産業、すべての産業分野がサイバー空間でデジタル情報を利用する現在には、この「サイバー空間は民任せ」の負のインパクトは深刻となってきている。

第2の要因には、各省庁、国、地方、基礎自治体という行政のレベルによるそれぞれの行政機関によって情報システムがばらばらに作られて発達してきたというシステム構造の問題がある。１９８０年代から開始された業務システムへの「ＯＡ」導入は、インターネット時代への切り替えへの躊躇とともに発展がスローダウンしていたように見える。１７００余りの行政機関が独立した情報システムの構築をしたことと、国民の情報を管理する住民基本台帳ネットワークシステムなどの個人情報の処理が、その独立した情報システムの制約の中で運用されたことにより、行政のＤＸの遅れ、サービスの縦割り、パンデミック時の行政サービス立ち上げの遅れなどを生み出した。この背景には地方行政の自治原則、個人情報への国のアクセスに対する法的な制限と国民のアレルギー、など法的文化的背景がある。

国として内政的に、また、国際的な安全を担う担当部署、国内の安全を担う犯罪担当部署、これらを新しいサイバー空間が実空間と完全に融合したSociety5.0の時代に統合的に機能するための国の体制。これらの統合がいまだに実現されていないことがこの課題の原因である。

第3の要因として、サイバー空間のセキュリティに対する包括的な理解と知の司令塔が存在していない点にある。著者はサイバーセキュリティへの国としての対応に不可欠な概念として空間論を基盤とするべきだと提案してきた。サイバーセキュリティは、インターネット上のサイバー空間での安全の体系であり、完全な、地球に1つの「グローバル空間」から発生する課題である。この空間を使用した国が関与した攻撃があれば、これはサイバーディフェンスの課題であり「国際空間」での解決が必要となる。このいずれもが我が国の国土の安全に関わるサイバー犯罪の課題は、「国内空間」で解決するルールと方法がなければいけない。たとえば、サイバーセキュリティのアトリビューションはグローバルなサイバー空間を十二分に把握しつつ解決しなければならない。そのためには「サイバー防衛」と「サイバー犯罪」のための使命を担う主体を含めすべてが完全に連携しなければならない。サイバーセキュリティの統合的な体制の確立が重要だ。

我が国は２０２１年から新たなデジタル政策の実行を開始した。これは、民間に任せるだけではなく、官民個人、さらに、中央・地方のステークホルダーが一体となってデジタルテクノロジーを前提とした新しい日本社会を創造する政策である。これにより、サイバー空間を形成するインターネットや計算機環境によるデジタルテクノロジーの恩恵や影響は、分野、地域、そして、すべての国民にとってのライフラインとして政策に組み込まれたことになる。

さらに、２０２２年12月には、「国家安全保障戦略」が改訂され、安全保障としての改定に加え、サイバー攻撃の脅威が深刻化していることを踏まえ、サイバー空間の安全と安定の確保に努めるという方向性を示した。ここでは、具体的には、次の取り組みを進めていくとしている。

サイバー攻撃への対応能力の強化
サイバー空間の監視・警戒体制の強化
サイバー攻撃への国際協力の強化

この改定により、サイバーセキュリティが日本の防衛政策の重要な課題として位置づけられることになった。

さらに、２０２２年12月に改定された今後10年間の防衛方針を定めた「国家防衛戦略」でも、サイバーセキュリティについて言及していて、さらに、同じ２０２２年12月に改定された、自衛隊の体制及び、実際の装備取得計画としての「防衛力整備計画」でも、サイバーセキュリティについて具体的な整備内容に言及している。

サイバー攻撃の検知・分析・対処能力を向上させる装備
サイバー攻撃から自衛隊のシステムを守るための装備
サイバー攻撃の被害を最小限に抑える装備

このように、「国家安全保障戦略」、「国家防衛戦略」、「防衛力整備計画」の日本のいわゆる、防衛3文書では、いずれもサイバーセキュリティについて言及しており、サイバー攻撃への対応能力の強化を具体的な課題として位置づけている。

これらの課題に対する具体的な政策面での推進のために、２０２３年1月31日に内閣官房に「サイバー安全保障体制整備準備室」が設立された。このことは、3文書に示された国家安全保障におけるサイバーセキュリティへの課題と指針が、ＮＩＳＣをはじめ、政府内部のさまざまな省庁に存在する現在のサイバーセキュリティの機能や部署との関係が議論され、今後の体制に関する組織論と、それを形成する法整備に関する議論が正式に開始されたことを意味する。

日本は世界一安心して生活できる安全な、そして戦後に限れば平和を実現した国であるという評価は世界の中でも高い。これを継続するには、経済、国際政治や安全保障、そして、テクノロジーの専門分野の専門家が力を合わせ、国と国民を守り、かつ、我が国が先導してグローバルなサイバー空間の安全な発展に貢献する必要がある。そのためには、経験が蓄積される官民学のリボルビングドア、つまり、セキュリティ・クリアランスを前提とした、安全な人事の流動性による強い体制が不可欠となる。我が国はこれを前提に自信を持って質の高いサイバーセキュリティ体制に取り組むべきだ。２０１５年に発足した内閣のサイバーセキュリティ本部、警察による国全体のサイバーセキュリティの機能を統合するサイバー局の新たな設置、新しいサイバー防衛の計画、２０２１年に実現したデジタル庁の創設、そして、２０２３年に開始された内閣官房サイバー安全保障体制準備室への流れの中で、これらを有機的に連携させる司令塔の機能の確立によりサイバー空間の安全と安心を先導する国際的な責任を担うことが新しい日本の使命である。

注

（１）UKRAINE: Timeline of Cyberattacks on critical infrastructure and civilian objects（https://cyberpeaceinstitute.org/ukraine-timeline-of-cyberattacks）.

（２）“Russia detains six more suspected REvil group members,” Reuters, ２０２２年１月15日（https://jp.reuters.com/article/us-usa-cyber-revil-russia-idAFKBN2JP0AP）.

（３）GAO “Critical Infrastructure Protection: CISA Should Improve Priority Setting, Stakeholder Involvement, and Threat Information Sharing”（https://www.gao.gov/products/gao-22-104279）.

第5章

経済安全保障とエネルギー（エネルギー安全保障）

柴田　なるみ

1　「経済安全保障」とエネルギー

私たちの生活は大量のエネルギー消費の上に成り立っている。家庭での電化製品の使用、車や公共交通機関の利用、食料品の生産や流通に至るまで、ほぼあらゆる活動にエネルギーが必要である。エネルギーは「経済の血液」とも呼ばれるように、日々の生活や経済活動の根幹を支える、国家にとって必要不可欠な戦略物資である。そのため、エネルギーの安定的な供給を維持すること、すなわちエネルギー安全保障はあらゆる国にとって非常に重要な課題である。

しかし、国際エネルギー情勢はここ数年で一変した。中国の急速な台頭と米中対立がもたらすサプライチェーン再構築の流れ、欧州各国のエネルギー転換政策にリードされる形で世界中に広がったカーボンニュートラル、ガソリン車から電気自動車への移行の本格化に加え、新型コロナウイルスのパンデミック、ロシアによるウクライナ侵攻が起こった。パンデミックにより石油・天然ガス等のエネルギー価格は一時大幅に下落したが、需要の回復等に伴い、２０２１年後半から高騰に転じた。ウクライナ侵攻では、世界最大の天然ガス・石油産出国であるロシアにエネルギー資源を依存していた国は、制裁と供給不安の間の深刻なジレンマに陥ることになり、特にロシアへの依存度が高かった欧州のガス価格は過去に見ない異常な高値となった。エネルギーが資源国の武器としての存在感を増す中、ウクライナ侵攻は遠く離れた日本にも資源価格の高騰という形で影響を及ぼし、「日本のエネルギー安全保障をいかに確保するか」という重い課題が、国内でも改めて広く認識されることとなった。

２０２２年5月、岸田文雄政権のもと「経済安全保障推進法」が成立した。同法は「供給網の強化」、「基幹インフラの安全確保」、「先端技術の開発支援」、「特許の非公開化」の4本柱で構成され、2本目の柱「基幹インフラ」の筆頭として同法は電気・ガス・石油などのエネルギー産業分野を指定する。同法の法案概要は、「基幹インフラ役務（電気・ガス・水道等）の安定的な提供の確保は安全保障上重要」[1]であることを明記し、具体的には、事業者に対し、特定重要設備を導入したり、維持管理等を委託したりしようとする場合の事前審査制度などの施策を導入することで[2]、エネルギーの安定供給を追求していく方向性を示した。法制の念頭にあるのは、中国やロシアへの対抗であると考えられ、小林鷹之経済安全保障担当大臣（当時）は、上記の施策は規制的なアプローチでエネルギー供給の経済面を強化していくと説明した。[3]

政府の経済安全保障をめぐる議論を理解する上で、押さえておくべき概念が、戦略的自律性と戦略的不可欠性である。２０２０年に自民党がとりまとめた提言では、それぞれ以下のように定義される。[4]

・戦略的自律性とは、わが国の国民生活及び社会経済活動の維持に不可欠な基盤を強靭化することにより、いかなる状況の下でも他国に過度に依存することなく、国民生活と正常な経済運営というわが国の安全保障の目的を実現すること

・戦略的不可欠性とは、国際社会全体の産業構造の中で、わが国の存在が国際社会にとって不可欠であるような分野を戦略的に拡大していくことにより、わが国の長期的・持続的な繁栄及び国家安全保障を確保すること

前述の事前審査制度は戦略的自律性を追求する「守り」の施策だが、より長期的には、守りだけにとどまらない、攻めの姿勢もあわせて、エネルギーの議論をすることが求められている。

一方で、日本のエネルギー政策を考えるとき、我が国は福島原発事故以後、安定供給の体制において圧倒的に脆弱な状況に置かれていることをまず大前提として理解する必要がある。地下資源に

乏しい日本は、エネルギー資源のほぼすべてを海外からの供給に依存しており、２０１１年の福島原発事故後のエネルギー自給率は10％前後と一貫して非常に低い[5]。加えて、急速な脱炭素シフトによるエネルギーバランスの偏りや、直近ではロシアのウクライナ侵攻に伴う石油などの禁輸措置、供給不足や価格の高騰などの危機的状況も相まって、周辺環境は依然として厳しい。２０２２年３月下旬には、東京電力及び東北電力管内で大規模な電力不足に伴い初めての「電力需給ひっ迫警報」が発令され、ブラックアウトや計画停電が深刻に懸念されるまでの状態に陥った[6]。

本来、エネルギーは経済活動の根幹であり、その安全供給を死守することは国民の生命と財産を守るための最重要事項、まさに国家安全保障の要である。それにもかかわらず、エネルギーをめぐる総合的な戦略はいまだに存在せず、エネルギー安全保障の概念は浸透していない。また、２０３０年度までの温室効果ガス46％削減を表明した以上、エネルギー安全保障は気候変動対策とも表裏一体に絡めて、包括的に取り組む必要がある。化石燃料から脱炭素エネルギーへのシフトが国内外から要求される中、バランスをとりながらどのような方策で対応すべきか検討が必要だが、現行の戦略にはその論点は含まれていないようである。

日本のエネルギー産業の脆弱性に対して、経済安全保障の取り組みは国民安全保障政策という全体の安全保障の一環として、整合性を持って追求する必要がある。新たな安全保障戦略に向けて議論が必要な今こそ、改めてエネルギー安全保障のあり方を多層的に考えなければならない。日本のエネルギー安全保障を改善することは、国内政策としても対外政策としても喫緊の課題であることは間違いない。

どういった道筋で、日本経済がエネルギーにおいて戦略的自律性と戦略的不可欠性を確保することが可能だろうか。経済安全保障の観点からエネルギーを論じることは、従来の取り組みも含めて政策の優先度を上げる意味合いでも、また異なる政策の関連を考える上でも有意義である。あらゆる経済活動の根幹を支え、国民の生命と財産の安全に直結する財であるエネルギーの安定供給についての目線がなければ、どんな議論も国民にとっては現実味を欠き、理解を得られないかもしれない。経済安全保障の取り組みを含めて、日本のエネルギー安全保障を改善するためには、今後どのような道筋を描くことができるか。より広い国家安全保障戦略として、どのようなプランが必要か[7]。そうしたことも含めて、今改めて検討すべきだ。

本章では、日本・世界のエネルギー安全保障をめぐる近年の状況を整理した上で、上記の問題意識のもと、論点を整理・検討し、読者に提示することを目的としたい。

2　日本のエネルギー安全保障——求められる課題

そもそもエネルギー安全保障とは何か。第1次石油ショック後に石油市場の安定化を目的として設立された国際エネルギー機関（IEA）は、エネルギー安全保障を「合理的な価格でエネルギーが継続的に利用できること[8]」と定義する。日本政府は、1970年代の第1次・第2次石油ショックを契機に、「3E+S」(安全性=Safetyを前提に、自給率=Energy Security、経済効率性=Economic Efficiency、環境適合=Environmentを追求する)の原則のもと、多様な発電方法を組み合わせた電源構成の最適化=エネルギーミックスを追求することで、エネルギー安全保障の確保を目指してきた。

　しかし、2011年の福島原発事故後、原子力発電所が稼働できなくなったことにより、事故前に20%近くあった自給率が一時は6%台(2012年)にまで急落した。原子力のシェアが低下した分を石炭と天然ガスの増加で補い、再生可能エネルギーなどの普及を進めても、現在も10%前後と、先進国の中でも極めて低い自給率が継続されている。

　同時に、気候変動の問題が欧州をはじめとする国際社会で最上位の政策にまで引き上げられていく中で、日本のエネルギー産業も大きく急速な転換が求められている。2020年10月、日本政府は2050年までに温室効果ガスの排出を実質ゼロにする、すなわち「カーボンニュートラル」を目指す方針を示した。これは、それまでの目標であった「2050年までに温室効果ガスの排出を80%削減」からの大幅な上方修正であり、この野心的な目標を達成するには、発電の脱炭素化が欠かせない。CO_2を排出しない発電技術には太陽光発電、風力発電、原子力発電、水力発電、水素火力発電などがあるが、原子力発電が難しい現状では、特に太陽光発電と風力発電が日本では主力電源の1つと位置付けられる。カーボンニュートラルの目標を受けて政府が策定した「2050年カーボンニュートラルに伴うグリーン成長戦略」は、次のような方向性を示している。

２０５０年カーボンニュートラルを目指す上では、電力部門以外では革新的な製造プロセスや炭素除去技術などのイノベーションが不可欠となる。電力部門は再生可能エネルギーの最大限の導入及び原子力の活用、さらには水素・アンモニア、ＣＣＵＳなどにより脱炭素化を進め、脱炭素化された電力により、電力部門以外の脱炭素化を進める。[9]

太陽光発電や風力発電など自然条件に左右される発電方法は、大量導入する場合には揚水発電、蓄電池などの蓄電技術を併用する必要がある。各技術を最適に組み合わせて、増大する電力需要に応えることが、カーボンニュートラルを推進する上で不可欠である。こうした脱炭素の取り組みを急速に、エネルギー安全保障とあわせて包括的に推進しなければならないというのが、近年の日本のエネルギー政策が直面している大きな課題である。ウクライナ戦争開始後、エネルギー価格の高騰と深刻な供給不安が注目される中、エネルギー安全保障の確保と脱炭素の推進、どちらにも対応しなければいけないのが現在の日本の状況である。

３ 再生可能エネルギーの現状と課題

政府は２０２１年、３年ごとにエネルギー政策の基本的な方向性を示す「第６次エネルギー基本計画」を閣議決定した。ここでは、再生可能エネルギーを主力電源化し、新たなエネルギーミックスのバランスを、２０３０年度までに再生可能エネルギー36～38％、原子力20～22％、石炭火力19％、水素・アンモニア１％とすることが定められた。

再エネについては現在の水準の２倍に引き上げることが目標とされ、再エネの主力電源化はもはや変えられない所与の長期方針となった。資源エネルギー庁のデータによると、日本の再エネ導入量は設備容量の絶対値で見て世界第６位、太陽光発電では中国、米国に次いですでに第３位となっている。[10] 国土面積あたりの導入量で見れば、再エネ大幅導入を推進してきた日本はすでに世界有数の再エネ推進国と言えるが、そこにはリスクもある。２０２１年、気候変動対策を主導する欧州で電力不足が深刻化した背景には、再生可能エネルギーの発電量が不十分となり、電力需要の急増に伴いエネルギー価格が高騰したことがあった。特にＬＮＧ（液化天然ガス）の価格高騰が顕著になり、天然ガスの価格支配力を持つロシアへの依存が高まる結果になった。ＩＥＡは、この欧州エネルギー危機の原因の一因に、「再エネ導入拡大」及び「風力出力の減少」があったことを認めている。

この事例は、日本にとっても大きな教訓となる。風力や太陽光の出力が数週間にわたって得られなかった場合の代替供給をどう確保するかということは日本でも重要な課題である。実際に２０２２年３月22日には、東京電力及び東北電力管内で大規模な電力不足に伴い初めての「電力需給ひっ迫警報」が発令され、ブラックアウトが深刻に懸念されるまでの事態に至った。これ自体は複合要因によるものだが、原因の１つには悪天候による太陽光発電の出力不足があった。同様の電力需給のひっ迫は今後も続く可能性がある。言い換えると、現時点ではまだ、太陽光と風力の独力のみでは電力需要を安定して賄い切れないということである。岸田政権が国内生産を支援することを表明しているように、電力系統に使える蓄電池、すなわち自然エネルギーの不規則性を補い、電気を大量かつ経済的に蓄えておける蓄電池の開発が進展する必要がある。

また、国際再生可能エネルギー機関（ＩＲＥＮＡ）によれば、日本の再エネの発電コストは世界平均と比べ割高で、高止まりしているのがネックとなっている。メガソーラーと呼ばれる太陽光発電所建設コストは世界平均の倍である。

対する中国は現在、世界の太陽光パネルのおよそ70%を生産している。国外で生産している中国企業も計算に含めれば、その比率は80%近くに上る。[11] 中国は風力発電でも市場をリードし、世界風力会議によると、風力発電メーカーの世界市場シェア上位15社中7社を中国のメーカーが占める。

一方、日本には洋上の風力発電機を手掛ける有力メーカーが存在しないのが現状である。こうした状況にあって、すでに国内の太陽光発電も風力発電もハード面では中国企業、中国製品に依存せざるを得ず、さらに、メガソーラーや洋上風力発電が外国資産により買収される事例も全国で増えている。

たとえば、富山県入善町沖の洋上風力発電は、中国の風力発電大手「明陽智慧能源集団（明陽智能）」に発注されたことが報じられた[12]。これは、洋上風力発電では、風力や風向の他、海に囲まれた日本の防衛にとって重要な海流などの自然環境のデータを集めることがある。すなわち、洋上風力発電を通じてこうしたデータが中国に筒抜けになる可能性がある。これに関し、メーカーは風力発電機の設置・運営で取得する風力や海流などの各種データについて「中国には持ち出さない」としているが、安全保障上の懸念は否定できない。

経済産業省と国土交通省は、「公募の申請者は国内法人であること、コンソーシアム（合併企業、共同事業体）の場合は、構成員全員が国内法人であること」と条件を付けることでリスクヘッジしているが、意図的に日本法人を作るなど、条件をくぐり抜ける対応は十分に可能であり、コンソーシアムも中国に所有されていることは十分にあり得る。成立した経済安全保障推進法は、こうした安全保障上の懸念にも、対処していく必要がある。他方で、規制によって一時的に海外企業への富と情報の流出にブレーキをかけることになると、過度な制約は洋上風力の建設費用の増大を招き、最終的には高い電力コストとして国民の負担となり得る。こうしたコスト負担に対する国民の理解を得ることができるかどうかという点でも課題がある。

4 原子力活用は可能か

こうした情勢において、再評価の兆しが高まっているのが、原子力発電である。原子力は、発電時にCO_2を排出しない。また燃料の備蓄性が高く、少量の燃料で大きなエネルギーを生産できるため、化石燃料を持たない日本にとって、エネルギー自給率の向上に寄与できる貴重なエネルギーである。しかし、２０１１年の福島原発事故以後、原子力政策は一変した。放射性物質を放出し、近隣の住民の生活を大きく損なったことで原子力発電への国民の信頼は失われた。２０２２年４月、岸田首相はロシアの石炭輸入禁止を受けて、「再生可能エネルギーと原子力を最大限に活用することを目指す」と述べたが、原子力発電の稼働率は大きく落ち込んだまま戻っていない。

しかし、低炭素かつ安定的な電源を大量に供給する手段は、原子力以外にはいまだ開発されていないのが現状である。「世界の潮流は脱原発」とする論調もあるが、世界全体の原子力発電の発電電力量は、２０１３年以降は再び増加に転じている。２０２１年の深刻な電力危機を受け欧州では、再生可能エネルギーに加えて、原子力エネルギーと天然ガスも「クリーンエネルギー」と分類する方針を表明した[13]。ＥＵのグリーンタクソノミーにも天然ガスと原子力が追加される可能性がある。脱原発のドイツがロシアへの制裁により深刻な天然ガス不足に苦しむのに対し、ロシアがガス供給を止めたフィンランドでは、新設された原発と風力発電により、短期的な不足も克服して長期的には輸出国になるとの見込みも示されている。

またカナダのブルース原子力発電所は、世界で初めて、修繕のための資金調達にグリーンボンドを活用している[14]。発電ユニット6基を改修するための数十億ドルの費用の一部が、今後10年間にわたりグリーン投資の対象となれば、原発の資金調達がグリーン投資で賄われる世界初のケースとなる。原子力発電をグリーン投資の対象とするかどうかは、議論が分かれるが、原子力も再エネと同様のグリーン電源と認められることになれば、原子力への投資が加速する可能性がある。こうした事例は、各国がエネルギーの安定供給と脱炭素のバランスをとりながら原子力を再評価しつつある証左であり、ある種の原子力回帰の兆しとも呼べる。

原子力の価値を世界が冷静に再評価しつつある中、日本の原子力の未来を不透明なままにすることは、その議論に入るチャンスさえも逃すことになる。福島原発事故前までにほぼ技術の国産化を果たしていた原子力産業も、この13年で弱体化した。安全性の高い次世代原子力である「ＳＭＲ（小型モジュール炉）」についても、中国やロシアが国家主導で開発・導入を進めて国際的な影響力を高めているのに対し、日本ではあくまで民間主体であり、出遅れている。

そもそも日米のような自由化した市場での民間主体モデルでは、安全対策コストや運用リスクの高い原発は経済性が相対的に低く、中国やロシアのような国家主導型モデルに対抗できず、不利な競争を強いられているのが現状でもある。中国やロシアは、自国内での建設に加え、インドを含むアジアや中東などに原発を積極的に輸出している。対する西側諸国でも巻き返しに向けて原子力イノベーションに注力する動きは活性化しており、ビル・ゲイツ氏が出資するTerraPower社やNuScale Power社など複数のベンチャー企業が開発競争に鎬《しのぎ》を削る。英ロールス・ロイスは原子力潜水艦技術をベースとするＳＭＲ開発を目指して企業連合を設立するなどの動きもある。加えて、米国では原子力の低炭素価値を改めて経済的に評価することによって、原子力の価格競争力を高める制度がとられ、たとえば米ニューヨーク州やイリノイ州では、２０１６年「ＺＥＣ（Zero Emission Credits：ゼロ・エミッション証書）」制度を創設し、原発の運転継続を支援する措置をとった。この制度により、原発はゼロ・エミッション電源としての対価を電気料金の中から受け取ることができる。行政が原子力の特殊性をカバーする政策的措置、すなわち低炭素電源の価値を経済的に評価する制度を導入したことで、原子力の市場競争力を高め、運転を継続することができた。

日本の戦略的不可欠性を追求する道として、原子力発電の対外輸出推進についても今こそ再始動・再検討すべきときなのではないか。ＳＭＲであれば、シンガポールのような小国、タイのプーケットのようなリゾートアイランド、インドネシアやフィリピンのような列島に設置することもできる。日本の原子力産業には、高速増殖炉、高温ガス炉、核燃料サイクル、廃炉などの過去の研究の集積がある。これを官民共同で推進することで、ＳＭＲを日本のエネルギー産業のゲームチェンジャーとすることができるかもしれない。

三菱重工業は、２０３０年代から２０４０年代に向けて、現在の４分の１程度である17分以内に出力調整できる小型原子炉の開発を発表した。また同社は、トラック搭載型など、今後数十年に向けて、より小型で応答性の高い新世代の原子炉を開発する。日立製作所は、ＳＭＲに活路を見出し、震災後初の原子炉新設案件を受注した[15]。こうした技術の対外輸出を日本の勝ち筋として追求すべきである。

すでに目前に迫る２０３０年に、46％のCO_2削減目標を達成するには、既存の原子力発電の活用は必須である。日本の脱炭素とエネルギー安全保障には、当面原子力は必要であり、政府はこの問題に今こそ向き合わなければならない。２０２３年には再生可能エネルギーと原子力の活用に向けたＧＸ脱炭素電源法が制定されるなど、国内の流れも変化している。低炭素と安定供給の両方を満たす原子力のエネルギー安全保障上の価値を、冷静かつ丁寧に国民に伝え続け、国民の理解を得る努力をしなければならない。

5　化石燃料の展望

２０２１年の第26回気候変動枠組条約締約国会議（ＣＯＰ26）は、石炭火力発電の今後の取り扱いについて意見が割れ、２０４０年までの全廃を求める英国や欧州諸国と、新興国・資源国などが対立する熾烈な争いの舞台となった。日本へも強い圧力がかかる中、岸田首相は石炭火力発電廃止への言及を避けた。まさに現実の電力危機が迫る中では、エネルギーの多角化が必須であり、火力発電の選択肢ももちろん持っておかなければならないことは必然である。

脱炭素に向けてのエネルギーシフトは非常に長期の時間と多額な投資を必要とする、産業構造の大転換となる。それ自体でも困難だが、さらにその過程で目先のエネルギー安全保障を損なうことになれば、結果的に長期的な取り組みの持続性も失われてしまうことになる。物理的にも経済的にも不安定な再エネのリスクをどのように補うか、持たざる国である日本には、原子力にせよ、化石燃料にせよ、可能な限り多様な選択肢を維持することが必要である。

6　国の総力を挙げて対応せよ

エネルギー安全保障では、現代のエネルギー安全保障は、多くのエネルギーと少ない二酸化炭素という、本質的にトレードオフの関係にあるものを、合理的な価格で達成しなければならない。資源に乏しい「持たざる国」である日本は、再エネはもちろん、ＬＮＧ、石炭火力、原子力、水素、蓄電池など可能な限り多くの選択肢を持ち、その中で最適なバランスを選択し、脱炭素を進めながら、経済の根幹であるエネルギーの安定供給を維持しなければいけない。従来、国家安全保障戦略の策定には外務省と防衛省が中心的に関与し、エネルギー政策を直接管轄する経済産業省がその議論に不在であったが、本来、エネルギー政策は国の根幹であり、国の総力を挙げて官民、内外一体となり戦略的に取り組まなければならない問題である。

「エネルギー安全保障」は「経済安全保障」及び「国家安全保障」の重要な一部を担っていることを認識し、内外一体となった中長期的な戦略が求められる。

注

（１）「経済安全保障推進法案の概要（経済施策を一体的に講ずることによる安全保障の確保の推進に関する法律案）」(https://www.cas.go.jp/jp/houan/220225/siryou1.pdf)。

（２）松本拓／武士俣隆介／後藤大智「連載：法務が知っておくべき経済安全保障の最新動向と実務――第１回経済安全保障推進法の影響度と実務対応」Business Lawyers、２０２２年４月22日公開 (https://www.businesslawyers.jp/articles/1137)。

（３）ＩＩＳＳ（英国国際戦略研究所）イベント ２０２２年５月12日 (https://www.iiss.org/ja-JP/events/2022/05/japans-economic-security-strategy/)。

（４）自由民主党「提言『経済安全保障戦略策定』に向けて」２０２２年12月22日 (https://www.jimin.jp/news/policy/201021.html)。

（５）経済産業省資源エネルギー庁「令和２年度（２０２０年度）エネルギー需給実績を取りまとめました（確報）」２０２２年４月15日 (https://www.enecho.meti.go.jp/statistics/total_energy/pdf/gaiyou2020fykaku.pdf)。

（６）経済産業省資源エネルギー庁「２０２２年３月の東日本における電力需給ひっ迫に係る検証について」２０２２年４月12日 (https://www.meti.go.jp/shingikai/enecho/denryoku_gas/denryoku_gas/pdf/047_03_04.pdf)。

（７）内閣官房「国家安全保障戦略（概要）」(https://www.cas.go.jp/jp/siryou/131217anzenhoshou/gaiyou.html)。

（８）IEA "Energy security: Reliable, affordable access to all fuels and energy sources" (https://www.iea.org/topics/energy-security).

（９）内閣官房・経済産業省・内閣府・金融庁・総務省・外務省・文部科学省・農林水産省・国土交通省・環境省「２０５０年カーボンニュートラルに伴うグリーン成長戦略」令和３年６月18日 (https://www.meti.go.jp/press/2021/06/20210618005/20210618005-3.pdf)。

（10）経済産業省資源エネルギー庁「日本のエネルギー２０２０年度版『エネルギーの今を知る10の質問』７．再エネ」（https://www.enecho.meti.go.jp/about/pamphlet/energy2020/007）。

（11）ダニエル・ヤーギン『新しい世界の資源地図――エネルギー・気候変動・国家の衝突』黒輪篤嗣訳、東洋経済新報社、２０２２年。

（12）宮本雅史「中国企業が洋上風力発電に触手　日本を丸裸に」『産経新聞』２０２２年５月６日（https://www.sankei.com/article/20220506-RFJCCTBBMNIARP5LOA5N6LOTLA/?833580）。

（13）「原発と天然ガス、気候変動対策に必要　欧州委員長」ＡＦＰ・ＢＢＮｅｗｓ、２０２１年10月24日（https://www.afpbb.com/articles/-/3372345）。

（14）Esteban Duarte “Nuclear Energy Generator Splits ESG Buyers With Green Bond Sale,” Nov 18, 2021（https://www.bnnbloomberg.ca/nuclear-energy-generator-splits-esg-buyers-with-green-bond-sale-1.1684000）.

（15）「日立、震災後初の原子炉新設　原発輸出を再始動」『日本経済新聞』２０２１年12月３日（https://www.nikkei.com/article/DGXZQOUC0382J0T01C21A2000000/）。

第6章

健康・医療領域の経済安全保障

相良 祥之

1 国家的危機としての「健康危機」

新型コロナウイルス感染症（ＣＯＶＩＤ－19）は、国家が自らの国民の命と健康を守り切れるかを問うた。米国では新型コロナで１１０万人以上が亡くなった。日本でも7万人以上の国民の命が奪われた[1]。２０１１年に起きた東日本大震災の死者数は1万５９００人[2]、震災関連死の死者数が３７８９人[3]であり、これらの総数をはるかに上回る規模の被害をもたらした。約7年9カ月続いた安倍晋三政権が激甚災害、北朝鮮の核実験や弾道ミサイル発射、中国の領海侵入など数々の危機を経て、最後に対峙したのが新型コロナという「戦後最大の危機[4]」であった[5]。その後、菅義偉政権も

１年余り「新型コロナとの闘いに明け暮れた」[6]。岸田文雄政権はコロナという健康危機に対峙する３つ目の内閣となった。

コロナ危機ではマスクやワクチンをめぐり世界で激しい争奪戦が生じた。日本政府はワクチン、治療薬、医療用マスク、人工呼吸器などを確保し国内で流通させるため約10兆円もの国費を投じた[7]。

岸田政権は経済安全保障を看板政策に掲げた。２０２２年5月には国会で経済安全保障推進法が成立した。政府は同法に基づき、医薬品や半導体など、安定供給確保を図ることが特に必要と認められる物資を特定重要物資に指定した。医薬品の原材料は多くを中国に依存している。医薬品をめぐるサプライチェーン強靭化は喫緊の課題である。

感染症を含む「健康危機」は、激甚災害や武力攻撃事態と同じく国家的危機をもたらす。それは国民の生命のみならず、社会経済の繁栄、そして政府の財政にも大きなインパクトをもたらす。健康危機において国民の命と健康を守り抜くため、我が国の経済安全保障は、どう備え、対応すべきか。迅速にワクチンや治療薬を社会実装するには、何が大切なのか。

感染症とＣＢＲＮ

感染症は病原体が人から人へ、なかでもグローバルな人の移動によって伝播し、人類に甚大な被害を及ぼす。いまでこそ新型コロナという感染症は世界中で知られているが、健康危機をもたらす病原体が自然流行、事故、あるいは意図的な攻撃によって散布されたものかどうか、最初から判別することは困難である。ただし診断、検査、隔離、治療、さらに国境管理やリスクコミュニケーションといった対応のフローは共通する。したがって米国ＣＤＣやＷＨＯは公衆衛生上のあらゆる危機、すなわち「オールハザード」の健康危機に備え、対応することを基本指針としている。

健康危機をもたらす脅威は大きく2つある。

第1に感染症である。日本政府が「重点感染症」として警戒するのは季節性及び動物由来インフルエンザやＲＳウイルス感染症など呼吸器感染症、気候変動により流行する可能性があるデング熱やジカウイルス感染症、ニパウイルス感染症などである。[8] また抗菌薬が効かなくなる薬剤耐性（ＡＭＲ）も懸念される。日本ではすでにＡＭＲにより毎年約8千人が亡くなっている。さらに原因不明の病原体がアウトブレイクを引き起こす未知の新興感染症、すなわちDisease Xと総称される脅威も存在する。２０１９年に発生した新型コロナ感染症と同様に発症前感染を起こし封じ込めが困難でありながら、致死率が高い新たなコロナウイルス「ＣＯＶＩＤ－Ｘ」が出現すれば、社会的インパクトは甚大である。２０３０年に発生すればＣＯＶＩＤ－30だが、もっと早く出現するかもしれない。

第2に化学（Chemical）、生物（Biological）、放射性物質（Radiological）、核（Nuclear）による武力攻撃やテロ、すなわちＣＢＲＮ事態である。１９９５年、オウム真理教が猛毒の化学兵器であるサリンを散布した松本・地下鉄両サリン事件では20名以上が亡くなった。日本ではバイオテロが仕掛けられた実例もある。オウム真理教は１９９０年から１９９３年にかけて成田空港や皇居でボツリヌス菌散布を試み、東京都内の教団施設から炭疽菌を散布した（亀戸炭疽菌事件）[9]。さらに１９４５年の原爆や２０１１年の福島第一原子力発電所事故も含め、日本はすべてのＣＢＲＮ危機を経験した稀有な国である。また北朝鮮による核兵器、生物兵器、化学兵器の大量破壊兵器を使用した攻撃も潜在的な脅威である[10]。

健康・医療領域の重要物資

健康危機に対し、健康・医療領域で経済安全保障が取り組むべき重要物資は3つある。第1に医薬品である。ワクチン、治療薬、そして原薬（医薬品の有効成分、ＡＰＩ）、製造に必要な原材料・資材等が含まれる。世界の医薬品サプライチェーンを見てみると、原薬は中国やインドで主に製造されており、原薬のもとになる原料は多くを中国に依存している。第2に医療物資・機器であり、Ｎ95マスク、ゴーグルなど眼の防護具、ガウン、手袋、キャップなど医療従事者向け個人防護具（ＰＰＥ）、さらにマスク、アルコール手指消毒剤がこれに該当する。第3に、検査機器と診断薬（検査試薬）である[11]。

コロナ危機で生じたマスクやワクチンの争奪戦で注目すべきは、その対象が目まぐるしく変わってきたことだ。ワクチンは製造能力が大幅に強化されたことで供給そのものより、先進国と途上国の間での在庫の不均衡が課題になっている。英医療調査会社エアフィニティの試算によれば、Ｇ７とＥＵだけで２０２２年3月までに2・4億回分ものワクチンが期限切れで廃棄された[12]。アフリカ諸国に届いたワクチンの約40％が使用されていないと見られている。[13] つまり、米国、ＥＵ、インド、日本などがワクチンを大量生産し、ＣＯＶＡＸファシリティの枠組みも活用しながら途上国へ積極的に無償供与したことで、世界のワクチン争奪戦は終わりを迎えた。ワクチンはコモディティ化したのである。

　ボトルネックになったのは、ワクチンを人々の腕にまで届けるサプライチェーン、打ち手の医療スタッフの確保、そしてコールドチェーン（保冷輸送）であった。さらに、感染者数が相対的に少ないアフリカ諸国ではワクチン接種のベネフィットが伝わりづらく、ワクチン忌避も課題である。

　そしてワクチンの次に争奪戦が起きたのは治療薬であった。抗体カクテル療法はデルタ株が流行した２０２１年夏の第５波で効果を発揮した。しかし抗体カクテル療法は２０２１年冬に流行したオミクロン株には効果を減じ、続いて求められたのが飲める治療薬（経口薬）だった。その中でも期待されたのがファイザーによるパクスロビド（日本での製品名は「パキロビッド」）だったが、これも次第に供給過多となった。

　このように健康危機領域の重要技術・物資は、脅威の内容、マーケットにおける需給、特定の国への依存度などにより、危機の最中にもダイナミックに変わっていく。

２ 戦略物資としてのワクチン

ワクチンや治療薬は、世界各国が争奪戦を繰り広げてきた戦略物資の本丸である。日本政府は２０２０年から２０２２年までにワクチンと治療薬の確保のため、４兆円弱の予算を計上した。内訳はワクチンについてファイザー、モデルナ／武田薬品工業、アストラゼネカ、ノババックスの４社から約９億回分の確保のため２・４兆円、さらに治療薬の確保のため１・３兆円である。[14] なかでも、日本が調達に奔走したのはｍＲＮＡワクチンであった。

ｍＲＮＡワクチン

独ビオンテック（BioNTech）が開発し、米ファイザーが製造販売したｍＲＮＡワクチンは、２０２０年12月に英国で最初に接種された。新型コロナのアウトブレイクから1年以内という驚異的な早さで実用化されたワクチンとなった。

ビオンテックの共同創業者であるウール・シャヒンとエズレム・テュレジの夫婦は、２人ともトルコからドイツへの移民労働者の子であり、医学を修め、それぞれ分子生物学と免疫療法で博士号を取得した。[15] ２人の医師が１９９０年代から研究してきたのは、がんの免疫療法であった。２人が最初に創業したガニメド・ファーマシューティカルズ社、また、その事業を売却した資金で創業したビオンテックでも、30年近く取り組んできたのはがんと闘うための医薬品の開発であった。感染症は主たる事業対象ではなかったのである。ビオンテックは近年、抗がん剤でなく、患者一人ひとりのがん細胞に対し強力な免疫反応を引き出すｍＲＮＡ技術の開発を進めてきた。しかしＣＥＯのウールは２０２０年1月24日、『ランセット』のウェブサイトに掲載された武漢のクラスターに関する記事を読み、新型コロナが無症候でも感染が拡大すること、それが甚大な被害をもたらす最悪のシナリオに気づいた。そして突如として新型コロナワクチンの開発を決意する。感染症以外の目的で研究を進めていたｍＲＮＡとＬＮＰ脂質ナノ粒子（製剤）化という新たな技術（モダリティ）を組み合わせ、ビオンテックはｍＲＮＡワクチンを開発した。

しかしビオンテックはスタートアップであり、創業以来、医薬品を上市（販売）した経験がなかった。ｍＲＮＡワクチンの臨床試験と大量生産、販売のためパートナーが必要だったのである。そこですでに協力関係にあったファイザー社と組むことを決断する。結果的にこの協力が花開きｍＲＮＡワクチンは世界中で接種されることになった。

ファイザーが「コミナティ」という商品名で販売したｍＲＮＡワクチンは、２０２１年に世界で最も売れた医薬品となり、その売上高は３６８億ドル（約４・２兆円）に達した。[16] ２０２２年４月時点で１７５カ国以上に約34億回分が供給された。さらにコミナティは２０２２年にも世界売上高トップとなり、２年連続の首位となった。

日本におけるワクチンをめぐる過去の議論

新型コロナと対峙する上でｍＲＮＡワクチンがゲームチェンジャーとなる戦略物資であったこと、日本が外国からのワクチンの輸入に依存し、かつ薬事承認のための国内治験で欧米に比べ接種が遅れたことから、ワクチンをめぐるさまざまな政策が立案された。

ただし、日本政府がワクチン産業の強化に向け方向性を示したのは今回が初めてではない。２００７年、厚生労働省（以下厚労省）は専門家とともに「ワクチン産業ビジョン」をまとめ、危機管理の観点からワクチンの国内生産と、その技術力を保ち続けることが重要と指摘した。

背景にあったのは、国内で産官学いずれにおいても先細りしていた感染症研究とワクチン開発であった。１９８０年代まで日本のワクチン製造企業は水痘ワクチンや日本脳炎ワクチン、ＢＣＧワクチンの開発・製造において、その技術力を世界で高く評価されていた。日本は米国など国際市場に新ワクチンを投入するとともに、ＯＤＡにより中国や東南アジア諸国にも生産技術を提供していた。しかし国内で感染症が制御されていたこと、少子高齢化によりワクチン接種の主な対象であった小児市場が縮小していたことで、国内メーカーの競争力は低下の一途をたどっていた。さらにワクチンをめぐる健康被害の報告とともに、国の責任を問う訴訟が相次いだ。１９９０年代前後のＭＭＲ（麻疹、おたふくかぜ、風疹）ワクチンによる健康被害を契機として、厚生省はワクチンを集団接種から個別接種へ、義務接種から努力義務へと消極姿勢に転じ、国民の間にはワクチン忌避が根強く残ってきた。

２００３年時点でワクチンに関する研究開発投資は米国の10分の１程度にとどまっていた。そこで厚労省は公衆衛生の専門家や製薬業界とともに日本のワクチン産業の課題を分析し「ワクチン産業ビジョン」を打ち出した。国家的な危機管理上の重要性は高いが使用者数が5万人以上と非常に少なく市場性が見込みにくいワクチンをオーファンワクチンと位置付け、開発企業に公的な開発支援を行うこと等を提言した。しかしその後、十分な予算措置はされず、厚労省の医薬局や健康局の縦割りの中で検討はフェーズアウトしていった。

２００９年には新型インフルエンザ（Ａ／Ｈ１Ｎ１）が世界で流行した。世界で流行したＨ１Ｎ１に対し、日本は検疫強化、迅速な学校休校などを通じて国内での感染拡大を比較的うまく抑え込んだ。収束後、厚労省は「今後の再流行や、将来到来することが懸念されている新興・再興感染症対策に役立てていく」ため検証を行った。[17] ２０１０年6月に公表された「新型インフルエンザ（Ａ／Ｈ１Ｎ１）対策総括会議報告書」は、国立感染症研究所（感染研）や検疫所、地方自治体の保健所や地方衛生研究所（地衛研）の体制強化、人材育成、ＰＣＲを含めた検査体制強化などを提言した。そして「感染症対策に関わる人員体制や予算の充実なくして、抜本的な改善は実現不可能」であり、この点は「以前から重ね重ね指摘されている事項であり、今回こそ、発生前の段階からの体制強化の実現を強く要望」し、総括とした。当時は民主党政権だったこともあり、その後の自民党政権でＨ１Ｎ１の危機感や総括会議の提言はよく認識されていなかった。ワクチンについては、パンデミックワクチンの国内供給体制が不十分であったこと、臨時にワクチン接種を行う法的枠組みが整備されていなかったことを課題として指摘し、以下を提言した。コロナ前にこれらが着実に実施されていれば、ワクチンをめぐる状況はまったく違っていただろう。

・国家の安全保障という観点からも、可及的速やかに国民全員分のワクチンを確保するため、ワクチン製造業者を支援し、細胞培養ワクチンや経鼻ワクチンなどの開発の推進を行うとともに、ワクチン生産体制を強化すべき。あわせて、輸入ワクチンについても、危機管理の観点から複数の海外メーカーと連携しつつ、ワクチンを確保する方策の１つとして検討すべき。
・ワクチンの接種体制の確保の準備を進めるべき。ワクチン接種に関するガイドラインを早急に策定し、実施主体、費用負担のあり方、集団接種などについても検討すべき。
・（今後のワクチン供給について）実行可能性のある接種体制のあり方の議論も踏まえるとともに、各地の事例を参考にし、国、都道府県をはじめ関係者が連携してワクチンを迅速かつ円滑に流通できる体制の構築に向けた検討が必要である。

さらに２０１６年、厚労省は「ワクチン・血液製剤産業タスクフォース　顧問からの提言」を発表した。きっかけは、化学及血清療法研究所（化血研）が約40年にわたって国の承認とは異なる方法で血液製剤を製造し、組織的に隠ぺいしていたことが発覚した化血研事件だった。同提言では、

「ワクチン・血液製剤産業は、護送船団方式で守られているため国際的な潮流から取り残されつつあり、その結果として、国際的競争力の低下を招き、日本国民への質の高い薬剤を安定供給するという本来の目的が損なわれかねない」と指摘している。

来るべき新興・再興感染症のアウトブレイク、そのために国内のワクチン開発を推進すべきとの問題意識は、厚労省で感染症危機管理に携わる一部の医系技官や、公衆衛生の専門家、そして製薬業界で議論されるにとどまった。政府要路、そして国民の関心を引くことはなかった。感染症危機に対する「備え」を欠いたままの日本に、２０２０年１月、新型コロナが襲い掛かった。

戦略と司令塔の乱立

新型コロナの被害が甚大であったことから、日本政府はワクチンや医薬品、医療物資など健康危機領域の重要物資についてさまざまな戦略を策定した。特に２０２１年には、そうした政策方針の策定が相次いだ。

代表的なものは２０２１年６月１日に菅政権が閣議決定した「ワクチン開発・生産体制強化戦略」（以下、ワクチン戦略）である。ワクチンを国内で開発・生産できる力を持つための「長期継続的に取り組む国家戦略」として、内閣官房の健康・医療戦略室がとりまとめた。必要な政策として、世界トップレベルの研究開発拠点形成、国内外治験の充実・迅速化、薬事承認プロセスの迅速化と基準整備、ワクチン製造拠点の整備などを打ち出した。そして戦略性を持ったファンディングとしてＡＭＥＤ（国立研究開発法人日本医療研究開発機構）内に先進的研究開発戦略センター（ＳＣＡＲＤＡ）を設置した。こうした内容は同年6月18日に閣議決定された骨太の方針２０２１と成長戦略実行計画にも反映された。

　これと同じ時期に改定が進んでいたのが、厚労省が２０２１年9月13日に発表した「医薬品産業ビジョン２０２１」だ。２０１３年以来、8年ぶりの策定となった。革新的創薬、後発医薬品、医薬品流通について、経済安全保障の視点を加えた産業政策の展開を目指す。充実した内容であり、アカデミア・ベンチャーのシーズを積極的に導入したエコシステム形成支援、薬価制度におけるイノベーションの適正評価、受託生産を含むバイオ医薬品の拠点整備、医薬品の安定供給を担ってきた卸の商流機能に着目したサプライチェーン強靭化などを目指す。しかし「ワクチン戦略」が閣議決定されたのに対し、ワクチンを包含する医薬品についてのビジョンは厚労省がとりまとめるという、ねじれが生じている。この2つの関係も明確ではない。

　さらに、内閣府の科学技術・イノベーション推進事務局がとりまとめ閣議決定される「統合イノベーション戦略」及び「バイオ戦略（及びフォローアップ）」にもワクチンや医薬品への言及がある。

　岸田政権が成立してからも医薬品をめぐる戦略策定が続く。２０２２年6月に閣議決定した「新しい資本主義のグランドデザイン及び実行計画」は治療薬・ワクチンの開発を重点的投資先の１つとした。

　このように政府のワクチンや医薬品への関心は、これまでになく高い。問題は、コロナを機に策定あるいは改定された「戦略」と「司令塔」が乱立しており、政府内でアプローチが整理されていないことだ。戦略を政策とプロセスというオペレーションに落とし込むことができなければ、ワクチン戦略は再び棚ざらしにされるだろう。そうさせないためにも、まずは日本の医薬品開発・生産が置かれた厳しい現状を直視する必要がある。

3　医薬品の開発・生産——モデルナはなぜmRNAワクチンを社会実装できたか

ビオンテック／ファイザーとともにmＲＮＡワクチンの社会実装に成功したのが、米モデルナである。２０２２年11月、ボストンのモデルナ本社で筆者はステファン・バンセルＣＥＯに、なぜ驚異的なスピードでワクチンを開発できたか尋ねた。その背景についてバンセルＣＥＯは「我々は10年間、mＲＮＡワクチンの開発に30億ドル（約３３００億円）を投資し、治験に進んだワクチン候補が9個あり、しかも自社工場を建設済みだった」と答えた。

モデルナは米国政府の支援を受けたことが知られている。しかしＢＡＲＤＡ（米国生物医学先端研究開発機構）やＤＡＲＰＡ（国防高等研究計画局）、ＮＩＨ（国立衛生研究所）の支援についてモデルナ幹部に聞いてみたところ、「政府とは純粋に研究についてのコラボレーションであり、支援もプロジェクトごと」ということだった。トランプ政権から巨額の支援を得るのもコロナ後のことである。

ｍＲＮＡワクチンによる医薬品のリープフロッグと、世界に巨大なインパクトを与える破壊的イノベーションを信じ、モデルナに10年間の研究開発資金を拠出してきたのはＶＣ（ベンチャーキャピタル）だった。

モデルナは、Flagship PioneeringというＶＣが技術、資金、経営者をいわば「合成」して組成した会社である。ハーバード・メディカル・スクールのデリック・ロッシ博士が研究していたｍＲＮＡという技術シーズを基に、社会実装のインパクト（What if … /It turns out …）を考え抜き、資金と経営者を投入して立ち上げられた。モデルナはもともとFlagship Pioneeringにおけるライフサイエンスに関する18番目のプロジェクト、つまり「ＬＳ18」として生まれたプロジェクトであった。FlagshipのＣＥＯであるヌバール・アフェヤンは、モデルナのようなスタートアップになる可能性のあるアイデアを１００個ほど頭に描いて、そこから試行錯誤して淘汰を繰り返していった結果、モデルナが残った、と語っている[18]。アフェヤンは、当時フランスの診断用医薬品メーカー大手bioMérieux（ビオメリュー）の経営者であったステファン・バンセルをモデルナの経営者に迎え入れた。その後モデルナには、ファミリー・オフィスと呼ばれる資産家一族の資産運用会社、フィデリティなど機関投資家からの投資が集まった。こうした資金がｍＲＮＡワクチンの研究開発を支え、ボストン近郊にあるポラロイド社の工場跡地に自社工場を建設することを可能にした。

医薬品開発ではスタートアップとＶＣが主役

いま技術開発の主流になっているオープンイノベーション、医薬品研究開発のエコシステムには、国境がない。新興技術の社会実装までは時間がかかる。スタートアップは失敗する確率が圧倒的に高い。それでも医薬品開発では、アカデミア発の有望なシーズを基に次々とスタートアップが立ち上がり、それをＶＣが支え、有望なスタートアップは上場したり製薬企業に買収（Ｍ＆Ａ）されることで、新興技術が社会実装につながるエコシステムが確立している。アカデミアを含めライフサイエンスの最新研究動向を踏まえた技術の目利き、資金力、そして緻密な投資戦略がなければ、医薬品開発はもはや不可能になっている。

米欧日とも経済安全保障の重点領域として医薬品に注目するが、欧米に比して日本は劣勢である。医療用医薬品の世界売上トップ１００品目のうち47を米国、44を欧州の品目が占め、日本はわずか9品目しかない（２０２１年[19]）。

世界の医薬品売上高シェアでは大手製薬企業が64％を占めるが、医薬品創薬開発品目数シェアを見るとスタートアップが80％を占める。つまり世界的に創薬市場はスタートアップがリードしている。ｍＲＮＡワクチンを開発したのがビオンテックとモデルナというスタートアップであったことは創薬市場のトレンドに沿ったものであった。

一般的に、新薬開発には治験を経て承認を得るまで10年以上の歳月がかかり、数百億から数千億

図　医薬品開発から上市（販売）までのリスクと開発資金のイメージ

	基礎研究	前臨床	フェーズI	フェーズII	フェーズIII	承認申請 製造販売
成功率	5%程度	10%程度	15%程度	25%程度	65%程度	90%程度
必要資金	数億円	5億円	十数億円以下	数十億円以上	数百億円	数百億円以上
資金の提供主体	創業者の出資金 エンジェル投資家 補助金　等		VCからの出資　等 ➡大型資金供給源の不足		株式市場からの調達 製薬会社からの出資・ マイルストーン収入等	

（出所）内閣官房健康・医療戦略室「第5回医薬品開発協議会」2021年5月25日開催　資料「創薬ベンチャーの育成」

円規模の研究開発費が必要になる。しかも、その成功確率は年々低下してきている。1つの医薬品が承認されるまでに必要な候補数は20年前に約1・3万だったが、現在は約3万。つまり成功確率は3万分の1と極めて低い。創薬の成功はますます難しくなっており、コストは上がる一方である。投資を回収するためには最初から世界展開を視野に入れた創薬が不可欠になっている。

　コロナ危機でも「日本発」として期待を集めながら実用化に至らなかった治療薬やワクチン、検査法の候補は多い。創薬ビジネスは開発期間が長く、開発資金が多額にもかかわらず、成功率が低く、薬事承認されないと売上がないなど、スタートアップの中でも事業化の難易度が高い。臨床試験に進んでも、安全性を評価する第1相、少数の被験者を対象に有効性を評価する第2相の治験では、上市（販売）までの道のりがいまだ遠いにもかかわらず、50億～１００億円の資金が必要となる。しかし日本の創薬エコシステムではＶＣから数千万円から数億円規模の出資を得るのがやっとの状況である。[20]

そもそも日本は医薬品分野に限らず、スタートアップとＶＣをめぐる状況で停滞を続けており、これが日本経済凋落の一因となっている。象徴的なのが平成元年（１９８９年）と令和元年（２０１９年）のグローバル時価総額トップ10社の顔触れである。平成元年はＮＴＴ、日本興業銀行、住友銀行がベスト3で、10社中7社が日本企業だった。しかし令和元年になると日本企業はゼロ、ＧＡＦＡＭやアリババなど米中のテック系企業が10社中7社を占めた。このテック系7社はすべて起業家がスタートアップとして立ち上げ、成長過程でＶＣの投資を受けた企業である。[21]

日本の経済安保をめぐる議論では、スタートアップの成長段階に応じた、ＶＣの投資ステージの視点がしばしば欠落している。いわゆる基礎研究から事業化への「橋渡し」、あるいはワクチン戦略で「創薬ベンチャーへの長期的な育成・支援」や「戦略的資源配分」としか書かれていない、こうしたプロセスこそが重要なのである。

スタートアップは、アカデミアの基礎研究や事業アイデアをベースとして、起業家が創業したばかりのシードステージから始まる。次が製品やサービスを開発するアーリーステージとなる。ここでは最初にＶＣが投資するシリーズＡ、組織や事業を立ち上げてゆくシリーズＢ、そして事業を盤石にするシリーズＣと、資金調達を続けていく。シリーズが進むにしたがってＶＣの投資額も増えていく。しかしここまでに99％以上のスタートアップは淘汰される。毎年、世界で３５００万社が起業、そのうちシードステージで投資を受けられるのは7万社、さらにアーリーステージでＶＣから資金を受けられるものは1万社まで減ると言われている。[22] そして、シリーズD以降はレイトステージと呼ばれる。スタートアップは事業そのもので赤字が続くのが普通だが、レイトステージではエグジット（出口）の上場やＭ＆Ａを見込んで、黒字が出るビジネス体制を確立する必要がある。こうした投資ステージの視点は、医薬品開発において、臨床試験の第1相、第2相、大規模治験となる第3相まで生き残り、薬事承認を経て上市されるまでのプロセスと重なる。

世界初のコロナワクチン接種を実現させた英国ワクチン・タスクフォース

コロナワクチンの実用化に向け、ＶＣの視点を活かして成功したのが英国のワクチン・タスクフォース（ＶＴＦ）であった。ＶＴＦを率いたのはバイオテクノロジー企業へのＶＣ投資に長年、携わってきたケイト・ビンガムである。２０２０年5月、ＶＴＦの議長に就任した彼女は、英国が米国、ＥＵ、そして日本と比べ人口が少なく、市場が小さいことに最初から気づいていた。[23] つまり調達合戦になれば米国どころか日本にも競り負ける可能性があった。そこで彼女はスピードこそが最重要（speed was of the essence）であり、英国をワクチン企業にとって「最高の顧客」にすることでしかワクチン争奪戦に勝てないと考えた。彼女はバイオ系スタートアップへのＶＣ投資や契約交渉、ワクチン生産、臨床試験の専門家や元外交官など、経験豊富なプロフェッショナルを集めてチームを立ち上げ、最初の６週間で調達戦略を策定した。当時、世界中で開発されていた１９０以上のワクチン候補のデューデリジェンス（事業調査）を行い、７つのワクチン候補を選び出しポートフォリオを組んだ。成功確率は10～15％と見ていたため、(24) ｍＲＮＡやウイルスベクターなど異なる種類のワクチン候補を組み合わせたポートフォリオとした。同時に、損失が出るのは覚悟の上で製薬企業にとって「最高の顧客」であるべく、製造施設整備のため前払いで資金を拠出した。そして国営の国民保険サービス（ＮＨＳ）とともに全国規模の臨床試験データベース「ＮＨＳワクチンレジストリ」を構築した。50万人以上が登録し、そのうち35％が60歳以上というＮＨＳワクチンレジストリは、臨床試験を迅速に進める上で極めて有効に働いた。そしてワクチン候補が臨床試験を通過するたびに拠出額を積み上げていった。

結果的に、英国はファイザー／ビオンテックのｍＲＮＡワクチン購入契約を米国、ＥＵ、日本に先駆けて最初に締結し、２０２０年12月８日、世界でいち早くワクチン接種を開始した。しかもＶＴＦが選定した７つのワクチン候補は、すべてが安全かつ有効なワクチンとして承認された。ＶＣの投資手法を存分に活用したＶＴＦは、ワクチン確保のベストプラクティスとなった。

医薬品生産で進む水平分業

晴れて医薬品の開発に成功し、上市にこぎ着けても、それで安泰なわけではない。新薬は特許期間が終了すると後発品に置き換わってしまう。研究開発の原資を確保できる期間は限られている。

半導体業界において水平分業が主流となり、ＴＳＭＣ（台湾積体電路製造）が受託製造で地殻変動を起こしたのと同様に、医薬品業界でもいまや水平分業が主流になりつつあり、受託開発・製造企業が急伸している。ＣＭＯ（Contract Manufacturing Organization：医薬品受託製造機関）やＣＤＭＯ（Contract Development and Manufacturing Organization：医薬品受託開発製造機関）などと呼ばれる。世界トップはスイスのロンザ、第2位は韓国のサムスンバイオロジクスで、両社で世界の医薬品受託製造能力の5割を占める。[25] ２０２１年５月、文在寅大統領とバイデン大統領の米韓首脳会談にあわせ、サムスンバイオは米モデルナと新型コロナ向けｍＲＮＡワクチンの受託製造契約を締結、サムスンバイオは10月に韓国でワクチンの出荷を開始した。

「国産ワクチン開発」は本当に目指すべき目標か

海外のワクチンに依存することになった日本では「国産ワクチン開発」を目標にすべきとの論調が強まった。しかしすでに見てきたとおり、もし純国産の「日の丸ワクチン」を目指すのであれば、その実現は極めて厳しい。日本政府はコロナ危機において国産ワクチンの開発のため国内企業5社に１２９０億円ほど支援した[26]（２０２２年11月時点）。しかし国内初承認は２０２３年８月、新型コロナが５類感染症に移行した後、先行するｍＲＮＡワクチン等についても需要が低迷していた時期のことであった。

ワクチンについて真に目指すべき目標は、健康危機が発生した際、いち早く、安全で有効なワクチンを、できるだけ多くの国民に接種させることである。ワクチンそのものを国内でいくら早く開発しても、それで終わりではない。人々の腕に届くまでが勝負である。

「国産ワクチン開発」をめぐる主張では、いくつかの重要な点が見逃されている。

英国で最初に接種され、世界で最も流通している米ファイザー／独ビオンテックのｍＲＮＡワクチンは、国境を越えた研究開発により実現した。

研究開発から製剤化まで国内で完結した国産ワクチンとしては、ロシア製のウイルスベクターワクチンであるスプートニクＶ、中国・科興控股生物技術（シノバック・バイオテック）や中国医薬集団（シノファーム）の不活化ワクチン、そして台湾・高端疫苗生物製剤（メディゲン・ワクチン・バイオロジクス）の組換えタンパクワクチン等が挙げられる。いずれも共通するのは、ｍＲＮＡワクチンに比べて有効性、なかでも発症予防効果が低かったことである。

ロシアは世界で先駆けて国産ワクチン開発に成功した。しかしロシアにおけるワクチン接種率は２０２１年末から人口の5割程度で伸び悩み「ワクチンは開発より接種の方が難しい」という声も上がった。ロシア国民の中に国産ワクチンへの不信感が根強いためであった[27]。

さらに深刻なのは中国だ。オミクロン株に対し、シノバックの不活化ワクチンは2回接種でも3回接種でも十分な免疫（中和抗体応答）ができず、発症予防効果も重症化予防効果も低かった[28]。中国がワクチン外交として新興国に提供した中国製ワクチンの輸出量も急減した。月間輸出量で比較すると、ピークだった２０２１年9月に比べて２０２２年4月は97％減となった。中国製ワクチンの２回接種を進めた新興国や途上国で感染が急拡大したことから中国製ワクチンへの信頼性が低下し、さらに３回接種のニーズも急減したからである[29]。

　他方で、東南アジアを中心に日本製ワクチンを求める声が高まった。海外で開発されていても製造は日本、つまりメイド・イン・ジャパンのワクチンを他国へ供与できればグローバルヘルスに貢献できる。実際に、日本はメイド・イン・ジャパンのアストラゼネカ社ワクチンを活用し、２０２３年７月までに世界32カ国・地域へ約４４００万回分ものワクチン現物供与を行った[30]。これは米国、中国、インドに次ぐ規模である。接種開始が遅れた日本はワクチン供与大国になったのである。

　２０１０年のＨ１Ｎ１対策総括会議報告書の提言で興味深いのは、ワクチン生産体制を強化すべきとしつつ、輸入ワクチンを供給ルートの１つとしていたことである。コロナ危機に際し、厚労省は２０２０年７月31日にファイザーとワクチン供給について最初の基本合意に至っている。これは米国、英国とほぼ同時期で、極めて早い時期の合意であった。急速なワクチン接種で名を馳せたイスラエルも、基本合意に至ったのは11月である。その意味では、Ｈ１Ｎ１の教訓を踏まえ、海外からのワクチン調達交渉で日本は多くの国々をリードできたと評価すべきであろう。しかし、日本では国内での治験が必要であったため接種開始が欧米より２カ月ほど遅れた。また総括会議報告書で提言されていた接種体制の在り方についても、コロナ前に十分な準備ができていなかった。

　それでも、日本はワクチンを人々の腕まで届けることに奔走し、結果を出した。菅義偉政権は１

日100万回、最大170万回ほどのペースで急速にワクチン接種を進めた。ブースター接種の開始も欧米に遅れたが順調に進み、人口100人あたりのワクチン接種回数（追加接種を含む）で比較すると、日本は310回と、G7トップである。[31] 日本は世界有数のコロナワクチン接種大国になった。

その日本がファイザーから調達しているワクチンはベルギーやドイツで生産されているものである。また日本で接種されているモデルナのmRNAワクチンはスペインの受託製造企業ROVI社で生産されたものである。

日本の半導体凋落の要因のひとつは、日の丸自前主義に陥ったことであった。[32] 日本企業はグローバルなオープンイノベーションのエコシステム、そして水平分業の波に乗り遅れた。この教訓をワクチンで繰り返してはならない。誤った目標設定に基づき、全体最適と投資戦略のない計画では、どれだけ国費を投じても浪費に終わってしまう。

4　国民の命と健康を守るための経済安全保障政策

日本におけるコロナ危機の最大の教訓は、パンデミックで稼働させるべき戦略もオペレーションも、事前に備えられていなかったことである。平時モードから有事モードに切り替えようにも、その切り替えるべき仕組みそのものがなかった。政府は2010年のH1N1パンデミックの検証を踏まえ、2012年には新型インフルエンザ等対策特別措置法（特措法）を制定し、また新型インフルエンザ等対策政府行動計画を策定していた。閣僚演習とともに政府・地方自治体の連携を確認する新型インフルエンザ等対策総合訓練[33]も毎年、実施されていた。しかし特措法も訓練も、新型コロナという本物のパンデミックに耐えられる代物ではなかった。

仕組みがない中、日本が頼ったのは専門家と現場だった。過去にパンデミックに対峙した経験のある感染症や公衆衛生、ウイルス学の専門家、厚労省の医系技官や感染研、地衛研などの行政官、そして病院、介護施設、保健所、検疫などの現場が、奮闘した。尾身茂・新型コロナウイルス感染症対策分科会会長は第1波のあと、日本は「与えられた厳しい条件の中で現場ががんばったというのが、今回の（コロナ対応の）本質だと思う」と述懐していた。[34]その後、危機が長期化する中でコロナ対応の仕組みは少しずつ改善されていったが、専門家と現場頼みのコロナ対応は、その後も続いた。

パンデミックなど健康危機は、ますます頻繁に発生しており、また次の健康危機はコロナより深刻な形で発生し得る。日本の経済安全保障政策は国民の命と健康を守るため、健康危機にどう取り組むべきか。戦略も計画も、正確な情勢分析とともに、正しい目標を設定できるかが重要である。以下では日本が今後とるべきアプローチについて、目指すべき目標（ends）とともに、オペレーション（作戦）や戦術、それらを運用するガバナンスについて述べる。

情報と政策の統合

第1に、平時から官邸の指揮下で情報と政策を統合し、有事には機動的に対応の重心を決めることが必要になる。2023年9月に内閣感染症危機管理統括庁が「感染症危機」対策の司令塔として発足した。しかし本稿で見たとおり、国民の命を奪う健康危機は感染症のみならず、生物・化学兵器の攻撃やテロなどCBRN事態によっても、もたらされる。内閣官房の総合調整権限を用い、健康危機管理の基本方針・重要事項に関する企画立案、そして総合調整に専従する機能が求められる。そのためには官邸の指揮下で、内閣官房の国家安全保障局（NSS）や内閣府の経済安全保障推進室、内閣官房副長官補室（内政、外政、事態対処・危機管理）、厚労省、経済産業省、財務省、外務省、防衛省、警察庁など関係省庁の経済安全保障担当部局、そして内閣情報調査室などインテリジェンス・コミュニティとともに、経済安全保障と健康危機管理について情報と政策を統合すべきだ。

司令塔は日々の予算執行に追われるべきではない。政府の関係省庁を束ね、総合調整する役割に徹するべきである。最新の情勢を分析し、新しい脅威があれば素早く手を打ち、政策の重心を変えさせ、規制やルールを改善するよう指揮統制するのが司令塔の仕事である。

政官財学の連携の深化

第2に、健康危機に対して有事即応できるよう、政・官・財・学が平時から連携を深化し、有事に対するスタンバイ状態を維持すべきである。世界に目を向ければ、中国は軍民融合と統一戦線工作、米国はwhole of nationのアプローチで臨んでいる。米国防省のキャサリーン・ヒックス国防副長官は軍民融合に対抗してcollaborative disruptionという概念を掲げている。[35] 官民の研究機関と企業が協力し、破壊的なイノベーションにつながる重要新興技術は政府がしっかり支援することが重要だ。関係省庁、製薬企業、アカデミアから最高のプロフェッショナルを集めるため、内閣官房の司令塔には十分なconvening powerを発揮することが求められる。

医薬品については厚労省や医学薬学の専門家、製薬企業の間でこれまでに一定の連携がすでに存在している。政府は、米国など同志国と共有されたインテリジェンスも踏まえ平時から経済安全保障ニーズを明確にし、健康危機領域に焦点を当てた政官財学のタスクフォースを構築すべきであろう。

重要技術・物資の機動的なターゲティング

第3に、脅威となり得る健康危機や感染症、病原体（pathogen）とともに、日本が競争優位を持つか勝ち筋の技術や物資を、平時からターゲティング（特定）すべきである。脅威や重要技術・物資のターゲティングなしに、情報と政策の統合はできない。

政府は経済安保推進法に基づき、サプライチェーンの脆弱性が懸念され安定的な供給確保が求められる物資を「特定重要物資」として指定してきた。コロナ危機で争奪戦の対象がマスクからワクチンへと変わっていったとおり、何が特定重要物資かは、危機の最中はもちろん、平時でも市場の需給、技術革新、国際情勢によって、大きく変わり得る。

それをまざまざと見せつけたのがロシアのウクライナ侵略であった。日本が米欧とともに経済制裁を強化していく中、ロシア産エネルギー資源や一部の物資について、ロシアからの供給途絶リスクが高まった。２０２２年３月、経産省は国民生活や日本経済に不可欠な戦略物資やエネルギー供給の脆弱性を把握すべく「戦略物資・エネルギーサプライチェーン対策本部」を立ち上げた。経産省は安定供給確保のため対策を早急に講じる必要がある物資として、石油、石炭、ＬＮＧに加え、半導体製造プロセス用ガス、パラジウム、合金鉄（ステンレス・鉄鋼製造用）を特定した。[36] こうした機動的な対応は、特定重要物資のターゲティングにおいて好事例である。

ＥＵはコロナ危機の最中に独自のターゲティングを進めてきた。２０２１年５月までに戦略的な重要物資のチョークポイントを分析し、サプライチェーンに脆弱性を抱える品目として、海外依存度が高いセンシティブな１３７品目（総輸入額６％に相当）を特定した。[37] そのうち34品目は中国など特定の２、３カ国からの輸入に依存しており、かつ、ＥＵ域内での代替生産が難しい。具体的には、医薬品の原薬（アルカロイドや複素環式化合物など）、化学防護服、合金鉄（フェロタングステンやフェロニオブなど）、ターボプロペラなどが挙げられる。

政府レベルでは日本、米国、欧州は同志国であるが、経済安保の主役である民間企業は世界で熾烈な競争を繰り広げている。医薬品については日米欧とも原薬や原材料について中国やインドに依存していることが知られている。しかし中国やインドへの依存を軽減しさえすればよいわけではない。日本はｍＲＮＡワクチン輸入とあわせ、国内の製薬企業がアストラゼネカやノババックス等から技術移転を受けコロナワクチンを国内生産していた。この際、サプライチェーンでボトルネックになったのはワクチンをろ過する工程で必要な、米国製のフィルターであった。トランプ政権がOperation Warp Speedでワクチンの自国供給を優先し囲い込んだため、世界中で米国製フィルターの供給がひっ迫し、ワクチン生産ラインに影響が生じた。さらに欧州でも日本でも、政府が、ワクチン開発を進める製薬企業に対し、臨床試験の途中であっても実用化前に製造施設の建設を支援した。このため製薬企業が一斉に物資調達に走り、これもフィルター争奪戦を激化させた。

つまり、脅威は中国だけではなく、同盟国・同志国からもたらされる可能性もある。産業構造やサプライチェーン、地理や物流もまったく異なる日米で、重要物資が完全に一致するはずがない。有事に米国や欧州が自国優先となっても、自らの国民の命と健康を守り抜けるよう、日本独自の重要物資を特定すべきである。米国政府が“small yard, high fence”と呼ぶように、日本も真に重要な技術・物資を絞り込み、高いフェンスを築くことが肝要である。

このため、日本は内閣官房の司令塔がリードして政官財学でタスクフォースを組成し、重要物資と重要技術を統合的かつ精緻にターゲティングしていくべきである。まず必要なのは国としてend to end（Ｅ２Ｅ）で重要物資のサプライチェーンを可視化し、脅威とリスクを分析することである。ワクチンであれば原料から製品としてのワクチン、それを人々の腕に打つまでがＥ２Ｅである。ここで全体像をつかみ損ねると、サプライチェーンの脆弱性を見逃すことになる。

そして、地政学・地経学的に今後どのような脅威が生じうるか、ある物資・技術について日本が特定国からの輸入に依存する割合、その特定国が世界全体の輸出に占める割合、日本の調達先多角化や国内増産の見込み、代替物資の利用可否、輸入途絶時の日本経済へのインパクトなどについて、政官財学でともに評価・分析を下す必要がある。

勝ち筋の技術を世界でリードできるよう育成することは大事だが、それ以上に、競争優位のある技術が他国に追い抜かれないよう強みを磨き続けていくことも大切だ。この際、セキュリティ・クリアランスの制度を整備し、政官財学でインテリジェンスや機微な技術情報を共有することが不可欠なのは、言うまでもない。

特定重要物資としての医薬品

２０２２年後半、日本も米欧にならい、重要物資の候補についてサプライチェーンの脆弱性を調査するためマッピングを行い、特定重要物資を選定した。その結果、特定重要物資の筆頭にあがったのが、医療現場で感染症予防・治療のため必要不可欠な、抗菌性物質製剤であった。なかでも注射用抗菌薬に多く用いられるβラクタム系抗菌薬は、その原材料のほぼ100％を採算性の観点から中国に依存してきた。

抗菌薬が特定重要物資で最初に言及されたのは偶然ではない。以前から、日本では政官財学で連携した、医薬品の体系的なリスク評価が実施されてきたからだ。

医薬品は、副作用や薬の飲み合わせなどリスク評価に応じて医療用医薬品、要指導医薬品、OTC（一般用医薬品）などと精緻に分類されている。たとえばワクチンは劇薬に指定されている。一般用医薬品についても第1類から第3類までリスク区分されており、第1類医薬品は薬剤師でなければ扱えない。

医薬品は品質確保と安定供給が極めて重要であり、毎日服薬が必要な薬の欠品は許されない。この観点から、厚労省では以前より血液製剤やワクチン、医薬品の供給不安と、それに応じた安定供給確保のための取り組みを積み重ねてきた長い歴史がある。

2021年3月、厚労省は安定確保が求められる医療用医薬品を「安定確保医薬品」として体系的に選定した。選定はコロナ前に始まっていた。きっかけは、βラクタム系抗菌薬の1つであるセファゾリンが供給不足に陥ったことだった。2018年、中国とイタリアで製造されたセファゾリンの原薬に異物が混入したものが増え、2019年には日本国内での製造と安定供給が困難になった。このため一部の医療機関では手術を延期せざるを得ず、日本の医療に大きな影響が出た。これを機に2020年3月、厚労省医政局経済課（現・医薬産業振興・医療情報企画課）は「医療用医薬品の安定確保策に関する関係者会議」の第1回を開催し、そこから安定確保が求められる医薬品の選定が進んだ。

安定確保医薬品として分類されたもののうち、最も優先して取り組むべき医薬品（カテゴリA）は21成分あり、セファゾリンナトリウム、アドレナリンなどが含まれた[38]。アドレナリンはｍＲＮＡワクチン接種時にアナフィラキシーが発生した際に使われることで知られている。次に優先して取り組みを行う医薬品（カテゴリB）が29成分、医薬品（カテゴリC）が４５６成分となっている。

なお、厚労省医政局が安定確保医薬品の検討を始めて以降、後発（ジェネリック）医薬品を製造する国内企業で次々と法令違反が見つかった。後発医薬品メーカーへの業務停止命令が続き、医薬品の安定供給が国内で困難な状況が続いている。経済安全保障やグローバル・サプライチェーンのリスクを懸念する前に、日本国内の医薬品製造で脆弱性が露見してしまった。厚労省は企業秘密に当たる個別品目のサプライチェーンの情報（製造所名や所在国名）を聞き取った上で、原料や原薬の製造、製剤化までのサプライチェーンマッピングを実施した[39]。さらに日本製薬団体連合会など業界団体、製薬企業、日本医師会や関係学会とも連携して対応を進めた。

こうして政官財学で医薬品の安定供給を目指すべく連携してきたことが、特定重要物資としての抗菌薬のターゲティングにつながった。

安定確保医薬品の選定は、重要物資をターゲティングする取り組みとして政府内で横展開できる好事例のはずだが、ほとんど知られてこなかった。厚労省は過去にも専門家や業界団体とともに、医薬品やワクチンの国内における開発、安定供給を強化する提言を作成してきた。２０１５年の化血研による血液製剤の不正製造問題が起きた後に「顧問からの提言」を作成したことは前述のとおりである。しかし、そうした提言のほとんどは政治のリーダーシップや国会議員、国民の支持を集めないまま、十分な財政の手当てもなされず、棚ざらしにされてきた。今後は政府の中枢で、こうした各省庁における教訓と好事例とともに、経済安保に関する情報と政策を統合する必要がある。

そして内閣官房に内閣感染症統括庁という司令塔が発足したいま、統括庁がワクチン、治療薬、診断技術（検査機器と診断薬）など感染症危機対応医薬品等（ＭＣＭ）の「産業基盤」についても担務としてはどうか。具体的には、シーズ技術やスタートアップの研究開発支援、重要技術の社会実装、サプライチェーン強靭化まで、統括庁が一気通貫で総合調整を実施すべきではないか。ＭＣＭという産業には厚労省、内閣府、経産省など様々な省庁が関与し、社会実装のためには薬事規制当局であるＰＭＤＡ（医薬品医療機器総合機構）との調整も欠かせないが、政府内で統合ができているとは言い難い。内閣府健康・医療戦略推進事務局と併任をかけ、医薬品開発協議会を発展させてもよいだろう。内閣官房のワクチン開発・生産体制強化戦略および厚労省の医薬品産業ビジョンを統合し「ＭＣＭ産業戦略」を策定することも一案である。

コアキャパシティとサージキャパシティ

日本がとるべき第4のアプローチは、ターゲティングした重要物資のうち、平時から確保すべきコアキャパシティと有事即応のサージキャパシティとを分類し、備えを変えることだ。たとえば安定確保医薬品についてはカテゴリAをコアキャパシティ、カテゴリBやCの一部をサージキャパシティといった形で備えることは一案である。また医薬物資や医薬機器、マスクのような汎用品についても政府がサージキャパシティとして有事即応できるよう定期的に点検しておくべきだ。

コロナ危機ではＰＣＲ検査のキャパシティをはじめ、有事で動員すべきサージキャパシティが、圧倒的に不足していた。いざ動員しようにも、備えがなかった。検査キャパシティを強化しようとしたが、都道府県や政令市の指揮下にある保健所がボトルネックになって「目詰まり」が続いた。政府として効果的にオペレーションを実施する備えもなかった。平時からコアキャパシティの練度を高めておくとともに、サージキャパシティの運用も定期的に点検しておくことが重要である。

プル型インセンティブによるサプライチェーン強靭化

第5に、政府の支援はプル型インセンティブ、なかでも有事の買上、平時の備蓄と生産設備維持を軸にして、日本が競争優位を持つ技術・品目を死守するとともに、サプライチェーンの脆弱性解消を目指すべきだ。米国は国防生産法を発動し、企業に人工呼吸器やワクチンの量産と米国政府への優先配分を要求した。経済社会活動の再開へ重心を移しつつあった２０２２年３月２日にはNational COVID–19 Preparedness Planを発表し、マスク、人工呼吸器、手袋、ガウン、病院用器具など戦略的国家備蓄（ＳＮＳ：Strategic National Stockpile）を完全な状態で維持しつつ、さらに家庭用検査キットや治療薬なども備蓄することとした。政府が有事の買上を約束できなければ企業として思い切った投資はできない。次の健康危機では機動的に重要物資を量産し政府が買上できるよう、日本版国防生産法の制定を検討すべきだ。製薬企業が有事の量産体制を維持するには、コロナ危機後も政府によるプル型インセンティブの継続、そしてＣＤＭＯの育成も重要である。国際シェアを失ってきた日本の製薬企業では製造部門がコストセンターとなっている。医薬品のグローバルな水平分業の中で改めて日本の創薬力を強化すべく、生産体制の復権を支援することが必要だ。

政官財学をつなぐプロフェッショナル

第６に、勝ち筋になる技術を目利きでき、政官財学と幅広く専門的な議論ができ、結びつけられるプロフェッショナルが不可欠だ。ｍＲＮＡワクチンほどのイノベーションを創出できた国は世界のパンデミック収束に貢献でき、国富も増大させることができる。日本が戦略的不可欠性、さらに供給網でチョークポイントを握った技術は、日米同盟にとっても重要な資産となる。

かつてコリン・パウエル元国務長官が述べたように「優れた考えには、そのために戦う闘士がいなければならない[40]」。医薬品の候補についてポートフォリオを組み、パイプラインにできるだけ多くの候補を並べるとともに、見込みがある候補を引き上げるべく定期的にリストを更新する。経済安保をめぐる危機感と国家観を共有できる起業家や研究者を見出し、アントレプレナーシップや研究者の志を尊重しながら、社会実装を後押しすべきである。

日本はコロナ危機の経験と教訓を踏まえ、次なる健康危機に備え、内閣官房で情報と政策を統合し、政官財学で連携しながら国としての重心を定め、取り組むべきである。健康危機領域の経済安全保障には、国民の命と健康がかかっている。良い医薬品を開発・製造できれば国富の増強も期待できる。防衛力整備と同様に、いかなる健康危機においても国民の命と安全を守り抜けるよう、安全保障にふさわしい予算の編成が必要だ。強く、健康な国民は日本の経済安全保障の最大のアセットである。

注

（１）厚生労働省感染症発生動向情報「データからわかる—新型コロナウイルス感染症情報—」（https://covid19.mhlw.go.jp）。
（２）警察庁緊急災害警備本部「平成23年（２０１１年）東北地方太平洋沖地震の警察措置と被害状況」令和５年３月10日。
（３）復興庁・内閣府（防災担当）・消防庁「東日本大震災における震災関連死の死者数（令和４年３月31日現在調査結果）」令和４年６月30日。
（４）「新型コロナウイルス感染症に関する安倍内閣総理大臣記者会見」首相官邸ホームページ、２０２０年４月７日。
（５）相良祥之「危機管理としての日本のコロナ対応」『アステイオン』94号（２０２１年５月）：２０２－２１８。
（６）「新型コロナウイルス感染症に関する菅内閣総理大臣記者会見」首相官邸ホームページ、２０２１年９月28日。
（７）財務省「財政制度等審議会財政制度分科会『社会保障』資料」２０２３年11月１日。
（８）第８回医薬品開発協議会「ワクチン戦略における開発を優先すべき対象の決定について　資料１－３」令和４年７月11日。
（９）四ノ宮成祥／木下学編著『ＣＢＲＮ事態対処Ｑ＆Ａ』イカロス出版、２０２０年、２１２－２１４ページ。

(10) Defense Intelligence Agency, “North Korea Military Power,” 15 October 2021.

(11) 公衆衛生対策においては一般的に、ワクチン、治療薬、診断薬、個人防護具を総称して感染症危機対応医薬品等（ＭＣＭ：Medical Countermeasures）と呼ぶ。

(12) Jamie Smyth, “Demand for Covid vaccines falls amid waning appetite for booster shots,” *Financial Times*, 10 April 2022.

(13) Maggie Fick and Edward McAalliste, “COVID shots are finally arriving, but Africa can't get them all into arms,” *Reuters*, 7 December 2021.

(14) 財務省「財政制度等審議会財政制度分科会『社会保障』資料」２０２２年11月７日。

(15) ジョー・ミラー／エズレム・テュレジ／ウール・シャヒン『ｍＲＮＡワクチンの衝撃――コロナ制圧と医療の未来』柴田さとみ／山田文／山田美明訳、早川書房、２０２１年。

(16)「ファイザーのワクチン、21年売り上げ４・２兆円　各国の財政負担増」『朝日新聞』２０２２年２月９日。

(17) 厚生労働省「新型インフルエンザ（Ａ／Ｈ１Ｎ１）対策総括会議報告書」２０１０年６月10日。さらに10年後、２０１９年にＨ１Ｎ１対策総括会議の主要メンバーは再結集し、改めて２００９年の新型インフルと、その後の歩みを検証した。再検証報告書はコロナ第１波の真っ只中に出版された。岡部信彦／和田耕治編『新型インフルエンザパンデミックに日本はいかに立ち向かってきたか――１９１８スペインインフルエンザから現在までの歩み』南山堂、２０２０年４月。この検証と再検証に参加した専門家の多くは、政府の専門家会議メンバーや政策当局者等としてコロナ対応に取り組んだ。

(18) 後藤直義／フィル・ウィックハム『ベンチャー・キャピタリスト』ＮｅｗｓＰｉｃｋｓパブリッシング、２０２２年、26－28ページ。

(19) 中尾朗「世界売上高上位医薬品の創出企業の国籍――２０２１年の動向」『医薬産業政策研究所政策研ニュース』67号：１１９－１２７。

(20) 内閣官房　健康・医療戦略室「第５回医薬品開発協議会」２０２１年５月25日開催　資料１１３－６「創薬ベンチャーの育成」。

(21) 前掲『ベンチャー・キャピタリスト』11－12ページ。

(22) 海部美知『シリコンバレーの金儲け』講談社、２０２０年、98－１０２ページ。

(23) University of Oxford Romanes Lecture, 23 November 2021, Kate Bingham DBE, “From Wartime to Peacetime: Lessons from the Vaccine Task Force.”

(24) Royal Free London, “Trust's role in covid response praised by former vaccine taskforce chief. 30 November 2021.”

(25) 厚生労働省「バイオ医薬品のＣＭＯ／ＣＤＭＯ市場」「医薬品産業ビジョン２０２１資料編」20ページ。

(26) 財政制度等審議会、前掲資料（２０２２年11月７日）。

(27)「ロシアの感染、過去最悪　政治不信招き『国産ワクチン打ちたくない』」『朝日新聞』２０２１年10月17日。

(28) *Nature Medicine*, “Immunology: Efficacy of Pfizer–BioNTech or CoronaVac vaccination against Omicron assessed,” January 20, 2022; D. J.

Smith, A. J. Hakim, G. M. Leung, W. Xu, W. W. Schluter, R. T. Novak, B. Marston, B. S. Hersh, “COVID-19 Mortality and Vaccine Coverage - Hong Kong Special Administrative Region, China, January 6, 2022-March 21, 2022,” Morbidity and Mortality Weekly Report（MMWR), Apr 15, 2022; 71 （15): 545 – 548.

（29）「中国ワクチン輸出97％減　オミクロン型に効果低く」『日本経済新聞』２０２２年５月７日。

（30）外務省「日本によるワクチン関連支援」令和５年７月１日。

（31）Our World in Data, “COVID-19 vaccine initial doses and boosters per 100 people, May 7, 2023.”

（32）経済産業省「半導体戦略（概略）」２０２１年６月。

（33）内閣官房新型インフルエンザ等対策室「新型インフルエンザ等対策訓練」。

（34）「特別インタビュー２　尾身茂・地域医療機能推進機構理事長」一般財団法人アジア・パシフィック・イニシアティブ『新型コロナ対応・民間臨時調査会――調査・検証報告書』ディスカヴァー・トゥエンティワン、２０２０年。

（35）U. S. Department of Defence, “DOD Budget Request Focused on Innovations for Warfighter, Hicks Says,” June 21, 2021.

（36）経済産業省「戦略物資・エネルギーサプライチェーン対策本部　第１回ウクライナ情勢を踏まえた緊急対策」２０２２年３月31日。

（37）European Commission, “Updating the 2020 Industrial Strategy: towards a stronger Single Market for Europe’s recovery,” May 5, 2021; “ Commission staff working document: Strategic dependencies and capacities,” May 5, 2021.

（38）厚労省「安定確保医薬品及びカテゴリ設定」令和３年６月１日修正版。

（39）厚労省「医療用医薬品の安定確保策に関する関係者会議　第６回資料１－１『サプライチェーン調査関係』」２０２２年３月25日。

（40）コリン・パウエル／トニー・コルツ『リーダーを目指す人の心得』井口耕二訳、飛鳥新社、２０１２年、３４５ページ。

第7章

国際経済と経済安全保障

——制裁・金融・通貨を中心に

大矢 伸

経済安全保障は、厳密な定義が困難な概念だ。経済安全保障推進法案の国会審議において、所管の小林鷹之経済安全保障担当大臣（当時）は、経済安全保障の定義には確立したものがあるわけではないと断りつつも、経済安全保障を「国家そして国民の安全を経済面から確保すること」と説明した。[1]「経済面から確保」は、さまざまな企業活動や人々の行動を含み得るもので、その潜在的なスコープは広範だが、本章では、国際経済、特に金融と通貨の観点から経済安全保障について考えてみたい。

＊本稿はあくまで筆者個人の見解であり、筆者が現在あるいは過去に所属・関係した組織の見解を示すものではない。

1　ロシアのウクライナへの侵略と経済制裁

２０２２年2月24日、ロシアは再びウクライナを侵略した。しかし、この侵略行為の前から、金融を用いた経済安全保障手段である「金融制裁」は焦点の1つであった。ウクライナとの国境沿いにロシア軍が部隊の集積を進める中で、米国ホワイトハウスは1月25日の記者ブリーフで、ロシアがウクライナを侵略すれば、金融制裁を含む厳しい経済制裁を科すことを明らかにした。[2] そして、この制裁は２０１４年にロシアがクリミアを併合した際の制裁よりもはるかに厳しいものとなると強調した。

北京冬季五輪が閉幕した翌日である２０２２年2月21日、ロシアのプーチン大統領は、ウクライナ国内のいわゆる「ルハンスク人民共和国」と「ドネツク人民共和国」の独立を承認する大統領令に署名する。これに対して米国はすぐに経済制裁を発動、22日にロシアの2つの国有銀行（ＶＥＢとＰＳＢ）を制裁対象に指定。欧州も金融制裁を科すとともに、日本も24日に指定したロシアの銀行との取引を制限する。[3][4]

２０２２年2月24日にロシア軍がウクライナを侵略した後は、米国は同24日にロシア最大の銀行であるズベルバンクを制裁対象に指定し、米国の銀行がズベルバンクと取引することを禁ずるとともに、ＶＴＢを含む４つの銀行の資産を凍結する。日本も２月25日にロシアの３つの銀行の資産を凍結。26日には、米国、ＥＵ、英国、カナダ、フランス、ドイツ、イタリアがロシアの複数の銀行をＳＷＩＦＴ（国際銀行間通信協会）から排除することを表明、日本も27日に同措置に参加することを表明した[5]。

金融制裁を含むロシアに対する経済制裁は、果たして意味があったのだろうか。大方の予想を超えるウクライナ軍の健闘もあり、ロシアは首都キーウの制圧を諦め、東部にその力を集中している。ロシア軍に占領された領土をウクライナ軍は一定程度回復しつつあるが、本稿執筆時点では、まだ、戦いの最終的な帰趨は見えない。また、経済制裁の効果は長期的に顕れる部分も多いため、現時点で制裁への評価を下すことは時期尚早だが、いくつかの論点を考えていきたい[6]。具体的には、「経済制裁の内容」「経済制裁の効果」「経済制裁だけで十分か」「経済制裁の解除」について順次検討する。

経済制裁の内容

まず、経済制裁の内容について。今回のロシアへの制裁は、ロシア向け輸出制限や最恵国待遇の撤回などの貿易上の措置から、金融制裁まで大変広範な内容となっている。特に、金融制裁に関しては、ＳＷＩＦＴからの排除や、ロシア中央銀行資産の凍結など、これまでにない厳しい措置も含まれている。また、Ｇ７で協調しつつ実行されている点も大きな特徴であろう。全体としては、広く強い措置を協調しながら実施しているという点で、経済制裁の実施の方法としては評価できる。他方、個別の制裁内容を見た場合、ロシアからのエネルギー輸入をどこまで制限するかは難しい問題だ。２０２０年の各国の輸入量に占めるロシアの比率は、米国の場合は極めて僅少であり、石炭０％、石油１％、天然ガス０％だ[7]。これに対して日本は、石炭11％、石油４％、天然ガス９％で、大きくはないが軽微とは言えない。これに対して欧州は深刻だ。英国は、石炭36％、石油11％、天然ガス５％。フランスは、石炭29％、石油０％、天然ガス27％。ドイツは、石炭48％、石油34％、天然ガス43％である。欧州勢にとってはエネルギーのロシアへの依存度は極めて高く、ロシアからの輸入を止めることは大変な痛みを伴う。しかし、ブチャ等でのロシアの残虐行為が明らかになる中で、欧州を含めて、ロシアからのエネルギーの輸入を減らす動きは強まる。２０２２年４月６日には英国がロシアからの石炭、石油の輸入を停止していくことを表明、４月８日にはＥＵがロシアからの石炭の輸入を停止していくことを表明。５月８日には、Ｇ７首脳の共同声明において、ロシアからの石油を禁止又は段階的に禁止（フェーズアウト）することを含めて、ロシアへのエネルギー依存から脱却することが表明された[8]。

経済制裁は、一般的には、制裁を科す側にとってのコストが低い方が持続的で有効であると言われている。他方、民主主義国においては制裁実施を決める最も重要なファクターは国民の支持だ。ロシアからのエネルギーの輸入の制限・停止は、決してコストの低い制裁手段ではないのだが、国際法を無視するロシアの残虐な行為を前に、西側諸国の国民は制裁を支持しているようだ。我が国の場合も、日本経済新聞社が２０２２年４月22日～24日に実施した世論調査によれば、「物価が上昇してもエネルギーのロシア依存を下げるべきか」という問いに、78％が「ロシア依存を下げるべき」と回答している。[9] もっとも、世論はしばしば大きく変化するし、世界的なインフレ傾向の中でエネルギー価格の高騰が継続すれば、人々が「ウクライナ疲れ」を感じる可能性はある。制裁を持続可能なものとするためには、国際法が尊重される「ルールに基づく国際秩序」が我々にとって死活的に重要であるという点を広く訴えるとともに、ロシアのエネルギーに代わる代替エネルギー、代替調達先の確保に向けた取り組みが不可欠であろう。さらに、後述するように、需要の低減に向けた努力も重要となる。

経済制裁の効果

次に、経済制裁の効果について考える。２０２２年１月に１ドル＝75～80ルーブルだった為替は、３月には１ドル＝１２０ルーブルまで下落した。しかし、その後ルーブルは徐々に値を戻し、執筆時点では２０２０年１月時点よりもルーブルは増価している。ロシアの株式市場もウクライナ侵略後に大暴落したが、執筆時点では２０２２年１月の相場と同じ水準まで値を戻している。しかし、これらの数字は注意深く眺める必要があろう。為替市場については、ロシア当局が資本取引を規制している点に加え、西側からの輸出規制もありロシアから見た輸入が急減し、ドル需要が減少したという要因もある。株式市場も、外国投資家の株式売却を認めないなど当局による規制・介入の影響が指摘されており、株価の回復が真の企業価値を反映しているかは疑問が残る。また、制裁による西側との交流の途絶は、短期的なロシアの成長率の低下に加えて、技術流入の減少や人的交流の制限などから供給サイドに悪影響を与え、ロシア経済の長期的な生産性の低下を招くことが予想される。このように、制裁はロシア経済に相当の影響を与えていると考えられるが、これは、制裁の目的の達成の観点で効果を発揮しているのだろうか。

ここで我々は、ロシアに対する経済制裁の目的を今一度整理しておく必要があろう。経済制裁はさまざまな効果を生むが、ロシアに対する経済制裁の狙いは、①「痛みでロシアに行動変容を強いる」、②「ロシアの収入等を絶ち継戦を困難にする」、③「ロシアへの経済的依存を低減する」、④「将来の国際法に反する冒険主義的行動を抑止する」、と整理できる。①の「行動変容」については、執筆時点では、経済制裁のゆえにロシアが撤兵に動いているという確証はない。ロシアがキーウ侵攻を諦めた要因の1つに戦闘長期化に伴う経済制裁の継続が考慮された可能性はもちろんあるが、それを裏付ける証拠はなく、ウクライナ軍の軍事的な頑張りとそれに伴うロシア側の軍事的損害の拡大がより大きな要因であったと思われる。ただし、行動変容が見られないことをもって、しばしば経済制裁は効果がないと批判されるが、我々は、行動変容以外の効果についても注意深く確認する必要がある。また、政策当局者はしばしば、経済制裁が完全な手段だからではなく、直接の軍事介入等の他の手段と比較して「よりましな手段」として採用することが多いという点も留意しておく必要があろう。

②の「収入等を絶ち継戦を困難にする」という効果については、今後、国際社会がロシアからのエネルギーの輸入を停止できるかが鍵となる。Ｇ７やＥＵ、豪州などはロシアからのエネルギー輸入の制限に向けて動き出した。ただ、石炭、石油に比べてより困難を伴うのは、天然ガスである。天然ガスは長期の備蓄が利かず、また、パイプラインは物理的に関係を固定化してしまう。ＬＮＧ（液化天然ガス）はパイプライン・ガスよりも調達元の変更に柔軟だが、代替生産国での供給能力拡大が必要であることに加えて、受入国における受入・再ガス化設備も必要となる。ＬＮＧ受入・再ガス化設備は、陸上での設置は時間がかかるところ、船の上に再ガス化設備一式を設置するＦＳＲＵ（浮体式ＬＮＧ貯蔵・再ガス化設備）はより短期間で対応できるが、それでも世界的なＦＳＲＵの生産能力には限りがある。エネルギーの安定供給という要請も考え合わせたときに、柔軟性に乏しいガスの調達に関してロシア離れが容易でないという現実は、サハリン２の権益維持という我が国の決断にも顕れていると言えよう。ただ、ロシアが国際法違反の行動を継続する場合に、長期的にはロシアのエネルギー収入の縮減に向けた努力を放棄すべきではなかろう。

なお、Ｇ７及び同志国が経済制裁を科す中で、それに加わらない国が割安となったロシアからのエネルギー調達を増やせば（バックフィル）、ロシアのエネルギー収入は減少しない。インドは、従来ロシアとの安全保障上の関係が深く、今回のウクライナ侵略に際してもロシアへの明確な非難は控え、ロシアからのエネルギー調達を大きく増やしている。他国の主権を無視した一方的な侵略が許容される世界は、中国との国境紛争を抱えるインドにとっても好ましい世界ではなく、西側としては、ルールに基づく国際秩序というインドとも共有する価値に訴え続ける必要がある。同時に、インドのエネルギー事情を改善するような援助・金融支援にも力を入れるべきであろう。また、経済規模の大きな中国のバックフィルも、西側の対ロシア・エネルギー制裁の効果を低下させる。

　さらに、資源価格の問題もここで考慮しておく必要がある。経済制裁でロシアからのエネルギー輸入を停止しても、結果としてエネルギー価格が高騰し、バックフィル等でロシアが（量は減っても）エネルギー輸出を継続できれば、結果としてロシアのエネルギー輸出に伴う総収入はさほど減らない、あるいはむしろ増加するという状況も生じ得る。実際に、エネルギー価格が高止まりしているために、２０２２年1月～9月のロシアの歳入は前年同期比で10％増加している[10]。

　こうした中で、２０２２年12月初旬に、G7、EU、豪州は、ロシアから1バレル60ドルを超える価格で原油を輸入する国に対して、欧米金融機関による保険の提供を禁ずることに合意した。G7、EU、豪州は自らはロシアから原油の輸入を行わないことをすでに決定しているが、この合意は、これら西側諸国以外の国によるロシア原油の購入に価格の上限を設け、ロシアの収入に一定の制限をかけることを狙うものだ。60ドルという価格はロシアの原油生産コストを大きく上回る水準であり、ウクライナやポーランドのようにより低い水準の価格を設定すべきとの声もあったが、あまりに低い価格設定を行いロシアが輸出を全面的に取りやめれば、世界的に原油価格は高騰し、インフレに悩む西側諸国にも経済的な悪影響を与える。60ドルはこうしたバランスを考慮したもので、今後も2カ月ごとに見直すことが想定されている。

長期的な観点に立てば、西側諸国としては、前述したようなインド・中国等によるバックフィルへの牽制とともに、供給サイドに関して、再生可能エネルギー等へのエネルギー転換の加速、ロシア以外のエネルギー供給能力の拡大といった努力が必要であろう。さらには、需要サイドにおいても、自国の化石燃料への需要の低減に向けた方策も重要であろう。エネルギー価格の上昇に直面したとき、政府がすぐに（直感的に）考えることは、人為的に価格を低位に抑えるという措置だ。ガソリン価格の高騰に直面して、石油元売りに補助金を供与して（あるいは既存の課税を停止して）、特定の価格以下にガソリン価格を抑え込むような政策がこれに該当する。こうした政策は我が国を含む多くの国で採用されているが問題が多い。そもそも脱炭素の観点からは、化石燃料価格は高い方が望ましく、補助金ではなく、カーボンプライシングの観点で妥当な追加課税が検討されるべきであろう。

さらに、経済安全保障（あるいは地経学）の観点から考えても、化石燃料への補助金は、ロシアから見れば、売却価格が高くても需要が減らないという意味で、ありがたい販売補助となる。価格シグナルを弱め相対価格を歪めるこうした政策は見直しが必要であろう。脱炭素及び経済安全保障の観点から必要なのは、直感には反するが、ガソリンを含む化石燃料への課税を強化することである。もちろん、フランスの黄色いベストが教えるように、逆進性を持つ燃料価格上昇がもたらす分配上の悪影響への考慮は重要である。しかし、それは補助金（やトリガー条項発動による課税停止）により価格シグナルを圧殺して達成すべきものではなく、低所得者への給付付き税額控除といった相対価格を歪めない分配政策によって実施されるべきものであろう。

さらに、ロシアへの輸出の制限によりロシアは半導体を含めた先端技術を西側から入手することが困難となっている。これにより、「収入減少」というルートとは別に、軍事的に必要な技術・部品の入手が困難になるというより直接的なルートでロシアの継戦能力を大きく制約している。こうした制裁の効果は、厳密な数値化は困難だとしても、過小評価できないものと考えられる。

③の「ロシアへの経済的依存を低減する」という狙いについては、エネルギーに関しては、②の「収入等を絶ち継戦を困難にする」における議論と重なる部分が多い。ロシアとの経済的依存関係が強かった欧州においては、ドイツを含めて、今、明確にロシアへの依存のリスクが認識され、依存低減は最重要の政策目標となった。エネルギーを含めた貿易、金融に関する経済制裁は、ロシアへの経済的依存の低減を直接・間接の目的としており、それらは一定の効果を上げつつあるが、エネルギー、なかでもガスなどは段階的対応が必要な場合もあり、正確な効果を評価するには、一定の時間が必要である。なお、制裁を持続的に遂行するためには、国内の支持が必要であり、そのためには前述のとおり低所得層への分配上の影響への配慮が重要である。また、ＥＵにおいては、ハンガリーなどロシアからのエネルギー輸入の停止に否定的な国も存在し、そうした国との合意形成に向けた努力も不可欠となろう。

④の「将来の国際法に反する冒険主義的行動を抑止する」という観点は、特に日本にとって重要である。執筆時点ではロシアは経済制裁を理由とした明確な行動変容は見せていない。また、すで

に2022年1月時点で米国当局はロシアがウクライナを侵略した場合には厳しい経済制裁を科すと表明していたにもかかわらず、ロシアの行動を抑止できなかった。しかし、それゆえに経済制裁の意味がないとは言えないだろう。ロシアに対する経済制裁が、ロシアに大きな痛みを与えることは、中国を含む権威主義的な国家の将来の行動に影響を与え得る。「国際法に反する冒険主義的行動」が国際社会の非難と厳しい経済制裁を招くことが明確に示されることは、そうした行動の抑止に大変重要なことである。そうした抑止効果は、相手国政府の内部、為政者の頭の中に形成されるもので、それを外部から確認することは困難だが、我々にできることは、(自らにも痛みが生ずるとしても)極力明確にメッセージが伝わるように努力することであろう。

経済制裁だけで十分か

次に、経済制裁だけで十分か、について考える。一言で言えば、ロシアの行動への抑止という点で、経済制裁だけでは十分ではなかった。実際に、ロシアのウクライナへの侵略を抑止できなかった理由として、米国バイデン大統領が当初より米国の軍事的介入が選択肢にないと表明していた点が指摘できる。軍事介入の可能性を否定していなければ抑止が効いたと断定することはもちろんできないのだが、バイデン大統領の発言がプーチン大統領の計算を簡単にしたことは間違いないだろう。また、軍事的手段の可能性以外にも、常に外交的努力、制裁以外の経済的手段なども考慮・実践する必要があろう。制裁以外の経済的手段としては、相互依存を武器として使われないように過度な依存を低減しておく（エネルギー調達の多様化、サプライチェーンの分散など）ことも重要である。

経済制裁の解除

最後に、経済制裁の解除について考える。経済制裁の狙いは1つではないが、通常、最も大きな狙いは、制裁の対象国がその行動を変化させ、制裁を科す側から見て望ましい行動をとることである。ウクライナの事例について考えれば、ロシアがウクライナの領土すべてから撤兵することだ。制裁対象国がこのような「行動変容」を行うのは、多くの場合、行動変容により経済制裁が解除されると期待するからである。ロシアのウクライナへの侵略については、ロシアは首都キーウの侵攻・占領は諦めたようだが、ウクライナ東部でのロシアの軍事活動はウクライナに押されつつもいまだ継続している。したがって、現時点で経済制裁の解除を議論することは時期尚早の感はあるが、経済制裁の目的の1つが行動変容にあり、行動変容が制裁解除の期待に依拠しているとすれば、行動変容が生じる前から制裁解除の内容を検討し、それをメッセージとして発しておくことは、行動変容効果を最大化するためにも重要なことである。

この「経済制裁の解除」のあり様を考えるに当たってはいくつか留意が必要である。まず1つ目は、経済制裁を行うに当たって多くの国が協調して実施することが重要なように、制裁の解除に関しても制裁実施国が協調して共通認識を持っておくことが重要という点である。制裁内容も各国ごとに完全に同一ではないのと同様、制裁解除に関してもすべての国が完全に同一の内容である必要はないが、相互に協調し、少なくとも矛盾なく、かつメッセージの混乱を避けるよう、調整を行うことが重要である。

２つ目は、解除に際して、１００かゼロか（all or nothing）ではなく、段階的な解除の仕組みを検討しておくことが重要という点である。たとえば、ロシアが２０２２年２月24日の今回の侵略前の状況に時計の針を戻すよう行動変容を行う場合には、それ以降に科した制裁を解除することが適切であろうが、たとえばクリミア併合が継続する限り２月24日前に存在した制裁を解除する必要はないだろう。比例的（proportional）な制裁解除のあり方を意識しておくことは重要である。

３つ目は、（２つ目とも関係するが）取り返しのつかない、時計の針を戻せない事象への考慮である。失われた命は取り戻すことはできない。残虐な行為が生み出した恐怖や悲しみは生き延びた人々にも一生残り続けよう。破壊された住居、工場、インフラなどの再建には多額の費用と時間がかかるだろう。こうした点を考慮すれば、一定の経済制裁が解除されても、戦争犯罪に対する国際的な司法手続きは法と正義に基づき遂行されるべきだろう。また、戦争被害に対する賠償は、経済制裁解除にかかわらず追及されるべきであり、ロシアが自主的にそうした賠償を行わない場合には、国際法及び国内法との整合性に留意しつつ、凍結されているロシアの在外外貨準備資産の充当も検討されるべきだろう[11]（もちろん、こうした充当は中国等の警戒・反応を呼び起こし、貿易取引でのドル離れや、ドル建資産の急激な売却に伴う国際金融の混乱などを招来する可能性はあり、その得失の吟味は必要となる）。他方、第１次世界大戦後のドイツの扱いに関する反省を忘れず、憎しみに基づくロシアへの苛烈な措置がロシアの過激なナショナリズム（さらにはファシズム）の温床とならないよう注意が必要である。

2　相互依存の武器化

これまで、ロシアによるウクライナ侵略の事例を通じて、金融制裁を含む経済制裁について考えてきた。そこではエネルギーを中心に依存が生む脆弱性と、金融制裁におけるＳＷＩＦＴからの排除について簡単に触れた。しかし、これらの事象をより深く理解するためには、「相互依存の武器化」という事象を「非対称」という概念を用いて整理しておく必要がある。

まず、そもそも相互依存は悪いことなのであろうか。「人」という漢字は、人が人を支える様を表したものと言われる。人間は相互依存を前提にした生き物だ。それは、家族、企業、地域、国家などに当てはまるとともに、国境を越えた世界においても該当する。国際貿易は生産性を引き上げ、入手できる財やサービスの選択肢を拡大し、人々の生活を豊かにする。国際的な人的交流は、知識を増やし、技術進歩を促し、友情を育む。英国人のノーマン・エンジェルは、１９１０年に書いた『The Great Illusion: A Study of the Relation of Military Power to National Advantage』（未邦訳）という著書で、経済相互依存関係が深まる中で、国を繁栄させるための戦争という考えはもはや幻想となったと主張した。しかし、その後、第１次世界大戦が勃発、エンジェルの主張こそ大いなる幻想だったと批判されることとなる。

相互依存の戦争抑止効果が完全ではないとしても、それでも相互依存自体は悪いことではないのではないか、と考えることは自然なことである。しかし、依存関係を悪用し、相互依存が武器として使われ得るという有力な主張がある。相互依存はなぜ武器になるのであろうか。依存関係が相互的であれば、双方の依存関係は打ち消し合って、一方的な武器化は生じないように思われる。しかし、相互依存が非対称的であれば、ある国が一方的に相互依存関係を武器化する状況が発生する。この非対称には、「規模の非対称」「耐性の非対称」「トポグラフィー（地形）上の非対称」という３つが考えられる。

１つ目の「規模の非対称」は、ドイツ出身の経済学者であるアルバート・ハーシュマンが１９４５年に書いた『国力と外国貿易の構造』（飯田敬輔監訳、勁草書房）で主張した考え方だ。ハーシュマンは、戦前のドイツとブルガリアの間の貿易関係を例にとり、ドイツにとってブルガリアとの貿易額の全体に占める比率はわずかだが、ブルガリアにとってはドイツとの貿易額の全体に占める比率は極めて高く、こうした非対称の中でドイツがブルガリアに対して一方的に影響力を行使し得る状況にあったと説明した。現在、世界の多くの国にとって中国が一番の貿易相手国である点が想起される。

２つ目の「耐性の非対称」は、相互依存を武器として使用するときに生ずる痛みへの耐性が国により異なることをさす。相互依存の武器化は、経済的威圧（経済力で自国の意思を相手国に強制すること）と言い換えることが可能だが、経済的威圧は、しばしば威圧をかける国にも痛みが生ずる。たとえば、ＣＯＶＩＤ－19の発生源に関する独立調査を主張した豪州に対して、中国は、豪州からの牛肉は輸入しないという形で経済的威圧をかけた。痛みは、牛肉を輸出できない豪州の畜産農家のみならず、豪州産の牛肉を食べたい中国の消費者にも発生する。しかし、民主主義国の豪州と、権威主義国の中国では体制が異なり、両者には「耐性の非対称」がある。中国の場合には、人々が痛みを感じても、それを抑え込むことが比較的容易であるために、相互依存を武器化しやすいが、豪州の場合にはそうならない、という説明だ。

３つ目の「トポグラフィー上の非対称」という考え方は、少し説明を要する。この考えは、米国のヘンリー・ファレルとアブラム・ニューマンが２０２１年に示したものだ。[12] 彼らは、経済ネットワークの構造に着目。ネットワークは、ハブ（中心）とノード（枝）により構成されるが、ハブによってノードの本数は同じではない。ノードの多いハブにアクセス可能な国と、そうしたアクセスを持たない国では、「トポグラフィー（地形）上の非対称」が存在すると主張する。彼らが想定する経済ネットワークには、金融メッセージ・サービス（ＳＷＩＦＴ）、インターネット、サプライチェーンなどがある。ファレルとニューマンは、経済ネットワークの武器化の方法には２つあるとし、１つを「パノプティコン効果」（監視効果）と呼び、もう１つを「チョークポイント効果」（遮断効果）と呼ぶ。ＳＷＩＦＴで考えれば、中心へのアクセスを持つ米国は、ＳＷＩＦＴの情報を入手したり（パノプティコン効果）、イランの銀行をＳＷＩＦＴから除外したりすること（チョークポイント効果）が可能だ。

3　ＳＷＩＦＴ

これまで相互依存の武器化を可能とする構造を説明し、その中で、ＳＷＩＦＴからの排除について簡単に触れたが、そもそもＳＷＩＦＴとはいかなるものだろうか。ＳＷＩＦＴは、Society for Worldwide Interbank Financial Telecommunication の略で、日本語では「国際銀行間通信協会」と呼ばれている。名前のとおりＳＷＩＦＴはあくまで参加金融機関の間での国際金融取引に関するメッセージを伝送するネットワーク・システムで、それ自体は支払いシステムではない。１９７３年にベルギーを本部に設立され、１９７７年からサービスを開始した。

国際金融のためのメッセージ・ネットワーク・システムとして実績と信用を確立したＳＷＩＦＴだが、２００１年9月11日の米国同時多発テロが、ＳＷＩＦＴに大きな影響を与える。テロとの戦いを国家の最優先事項とした米国は、テロリストの動きを捕捉する手段としてＳＷＩＦＴの国際送金情報に着目、米財務省は、秘密裏にＳＷＩＦＴから情報提供を受ける枠組みに合意する。パノプティコン効果の実践だ。その後、イランの核開発の阻止を目指す米国は、２０１２年、ＥＵとも調整・合意の上でイランの銀行をＳＷＩＦＴサービスから排除することに成功した（チョークポイント効果）。ＳＷＩＦＴから排除という圧力は、イランを交渉の場に引っ張り出し核合意の成立に貢献したと言われている。

ＣＩＰＳ

このようなトポグラフィー上の優位な地位に基づく米国のＳＷＩＦＴに対する影響力は、他の国、特に中国やロシアなど基本的価値観を異にする国々にとっては大きな脅威だ。実際に、今回のロシアによるウクライナ侵略の結果、複数のロシアの銀行がＳＷＩＦＴから排除され、国際的な金融取引に支障をきたしている。ロシアにもＳＷＩＦＴのロシア版であるSystem for Transfer of Financial Messages（ＳＰＦＳ）というネットワークがあるが、ロシア以外で参加しているのはキューバ、ベラルーシなどわずかな国々のみでＳＷＩＦＴを代替することはまったく不可能である。こうした中で、中国が持つＣＩＰＳ（Cross-border Interbank Payment System：人民元国際決済システム）を使うことでＳＷＩＦＴに依らずに国際送金をできるのではないかとの議論が見られる。

ＣＩＰＳは中国が開発した人民元国際決済システムで、２０１５年に完成（フェーズ１）。２０１８年からＣＩＰＳフェーズ２が運用を開始している。２０２１年時点で、１０３カ国の１２８０の金融機関が参加、年間80兆人民元（約13兆ドル）の資金決済を行っている。もともと、ＣＩＰＳの目的は人民元の国際化を推進することにあった。[13] しかし、２０１２年にイランの銀行が

ＳＷＩＦＴから排除されるのを見た中国は、このＣＩＰＳの試みは潜在的には単なる人民元の国際化を超えた重要性があることに気づいた。ただし、現時点では、ＳＷＩＦＴを迂回してＣＩＰＳで国際送金をすることは困難だ。米国の場合、米ドルの国際決済システムとしてＣＨＩＰＳ（Clearing House Interbank Payment System）があり、ＳＷＩＦＴはメッセージ・サービスに特化している。中国のＣＩＰＳも基本的には決済システムであり、メッセージ機能についてはＳＷＩＦＴのフォーマットを使用しＳＷＩＦＴの協力で成り立っている。さらに、ＣＩＰＳはあくまで人民元の決済システムであるから、ドルやユーロではなくＣＩＰＳを使った人民元の国際取引が増加するためには、中国当局がロシアを含めた海外の主体が積極的に人民元を使うことを歓迎する必要がある[14]。

ＳＤＲ（ＩＭＦの特別引出権。合成通貨）の構成通貨への人民元の組み入れなど一時期中国は人民元の国際化に熱心であり、ＣＩＰＳの整備もそうした動きを反映したものではあったが、その後の人民元安（さらには資金の海外逃避）への対抗等のため中国は自国通貨への管理を強めた。ＣＩＰＳの利用拡大は、人民元の国際的な利用拡大が前提となるが、そのためには、規制が少なく、中国当局の意に沿わない資金の動きをも容認するような「使い勝手の良い通貨」に向けた当局のコミットが不可欠であろう。現在そうしたコミットは見られないものの、米中対立の深刻化と今回のロシアの銀行のＳＷＩＦＴ排除といった動きは、ドル支配の現状をそのまま継続することのリスクを中国に改めて認識させた。中国はロシアとの間で二国間貿易を人民元―ルーブルで決済するための取り決めを２０１０年に結んでいる。メッセージ・システムを含む国際決済システムは、相互依存を武器化し得るという点で、単純な経済合理性を超えて、経済安全保障上の考慮が欠かせない。中国やロシアの危機意識を軽視すべきではなかろう。

CBDC

これまで、金融制裁と関連させつつSWIFT、CIPSについて考えてきたが、最近はデジタル通貨が大きく注目されつつある。民間のビットコインやステーブルコインがすでに投資対象として、あるいは送金の手段として使われるとともに、中央銀行が発行するCBDC（中央銀行デジタル通貨）についても多くの国が検討を進めている。米国、日本、そして中国の動きを確認しつつ、経済安全保障へのインプリケーションを考えたい。

まず、CBDCとは何だろうか。それを考えるには、まずお金の種類を整理する必要がある。現在、我々にとって重要なお金は3種類ある。1つは、千円札や1万円札といった現金であり、日本銀行が発行するお金だ。これは、債務者は中央銀行で、形式は物理的なお金だ。次に、我々が民間銀行の口座に持つ預金がある。これは債務者は民間銀行で、形式は電子的（あるいは非物理的）なお金だ。最後に、民間銀行が中央銀行に預けている準備預金（日本銀行当座預金）がある。これは債務者は中央銀行で、形式は電子的なお金だ。こうして見ると、我々個人は（あるいは企業などの銀行以外の法人は）、中央銀行に対する電子的なお金を持っていないことに気づく。中央銀行が責任を持つ（債務者である）電子的なお金を人々が保有できるようにすることが、CBDCのコンセプトだ[15]。

こうしたＣＢＤＣの発行にメリットがあるのか否かについては議論がある。ＦＲＢ（米連邦準備理事会）のクリストファー・ウォーラー理事は、人々が民間銀行に持つ預金口座を通した決済は極めて効率的と主張。銀行預金は民間銀行に対する債権だが、銀行規制や預金保険制度により民間銀行の信用リスクは小さいと認識されていて、人々はリスクを意識することなく決済取引をできており、新たに中央銀行が発行するＣＢＤＣ（デジタル通貨）のメリットに疑問を呈している。[16] その他の論点を含めて、ウォーラー理事の立論は強力だが、国際送金時の高いコストなども考えた場合に、現在の送金・決済システムの効率性を過大評価しているきらいがある。また、通貨や国際決済システムが持つ経済安全保障上の（あるいは地経学的な）視点が不十分である印象は拭い難い。

バイデン大統領は、２０２２年３月９日に、大統領令を発出。[17] 米国によるＣＢＤＣの発行を断定することは避けつつも、ＣＢＤＣの検討をしっかり進める姿勢を内外に示した。大統領令は、外国によるＣＢＤＣの発行がドルなど既存の通貨を代替し金融における米国の中心的役割を害する可能性に関する分析なども重要であることを指摘。[18] これを受けて作成された報告書では、財務省を中心とするＣＢＤＣ作業部会が、安全保障や民主主義を含むさまざまな政策要素への影響に関する分析を進めてＦＲＢのＣＢＤＣに関する検討を支援することが提言された。

日本も米国と同様、ＣＢＤＣの発行を決めているわけではないが、日本銀行を中心に検討を行っている。日本銀行は２０２０年10月にＣＢＤＣに関する「取り組み方針」を公表。これに基づき、２０２１年４月にＣＢＤＣに関する実証実験を開始。２０２２年３月までに基本機能の検証を目的とした「概念実証フェーズ１」を完了。２０２２年４月より、より複雑な周辺機能の実現可能性を検証する「フェーズ２」に移行している。[19] 日本銀行は、ＣＢＤＣが具備すべき基本的特性として、「ユニバーサルアクセス」「セキュリティ」「強靭性」（システム障害への耐性や停電時などオフライン環境での使用可能性）、「ファイナリティ」「相互運用性」（民間決済システムと相互運用が可能なこと）、を提示しつつも、これらの特性の間で相互にトレード・オフが生ずる可能性にも言及している。[20] また、発行の形体は、日本銀行が民間銀行等を通じてＣＢＤＣを発行する二層構造（間接方式）を前提に考えている。[21] 間接方式という方向性は、現在ＣＢＤＣを検討している多くの国の間でも主流の考え方である。

デジタル人民元

中国はＣＢＤＣの検討が主要国の中で一番進んでいる。２０１４年からＣＢＤＣの検討を開始、２０１７年に中国人民銀行デジタル通貨研究所を設置、これまで30近くの都市で実証実験を行っている。２０２２年２月の北京五輪に際してもＣＢＤＣの実証実験を実施し、その際は外国人にもデジタル人民元が提供された。

中国のＣＢＤＣを考える際には、アリペイ、ウィーチャットペイという民間が提供するデジタル通貨が広く普及している点に留意する必要がある。これは、人々がデジタル通貨への抵抗感がないという点でＣＢＤＣの普及にはプラスの要素であろう。[22] デジタル人民元（ＣＢＤＣ）は、法定通貨であり、また二層構造（間接方式）が検討されている。また、匿名性に関しては、「管理された匿名性（Controlled Anonymity）」を与えると説明がなされている。これは、販売業者が商品の消費者（代金支払い者）の情報のすべてを把握できない形を志向することのようだが、システム上中国人民銀行はすべての情報を把握できる立場にあると思われ、実際に誰がどの範囲で個人情報を把握できる設計とするのかは、デジタル人民元が当局の監視のための手段ではないかとの疑念もある中で、注目される。

米国の大統領令にもあるように、米国を含む西側諸国は、中国のデジタル人民元がドルの基軸通貨としての地位にどのような影響を与えるのか関心を持っている。中国側は、これまで、デジタル人民元は国内での使用を想定していると説明してきた。また、専門家の多くは、デジタル人民元がドルの地位を脅かすためには、まずは人民元自体が国際取引においても規制が少なく自由で使いやすい通貨となる必要があると指摘する。確かに、仮に中国が他国に先んじてデジタル人民元の本格運用を開始したとしても、それだけでドルの支配的地位が崩れるということにはならないだろう。他方、中国側も、米中対立の深まりを自覚していた中で、さらに、今回、ウクライナを侵略したロシアに対するＳＷＩＦＴ排除を含む厳しい金融制裁を目にしたことで、通貨や国際金融取引の世界における「自律」の必要性につき認識を新たにしているであろう。デジタル人民元に関して中国が、まずは国内からスタートしつつも、「一帯一路」対象国との貿易取引での利用、さらには、より広い使用の可能性について、経済安全保障（地経学）の観点で検討を進めても不思議はない。

4 おわりに

国際法を踏みにじるロシアによるウクライナ侵略を前に、西側諸国がＳＷＩＦＴ排除を含む厳しい経済制裁に踏み切った判断は誤りではなかろう。しかし、こうした厳しい措置は、その副作用として、西側諸国と異なる価値観を有する国々による、ドルやＳＷＩＦＴの代替を模索する動きを加速させよう。２０２２年5月14日、ＩＭＦはＳＤＲの新たなウエイトを公表した。ドルは１・65ポイント増加して、43・38％に、人民元は１・36ポイント増加して、12・28％となった。（他の通貨はウエイトを若干落とし、ユーロが29・31％、日本円が７・59％、英ポンドが７・44％[23]）。基軸通貨に強い「慣性」が働くことも考えれば、今、ドル覇権の崩壊を叫ぶ必要はない。しかし、大国中国が、デジタル人民元等の技術も活用しつつ通貨・金融における自律を本気で志向するときに、「慣性」が永遠だと決めつけることも危険であろう。金融制裁の（過剰でも過小でもない）適切な利用、ＣＢＤＣを含む新たなアイデアや制度のオープンマインドな検討、同志国との協調、などを通じて、我々にとって望ましい通貨・金融体制を維持・発展させていくことは、「国家そして国民の安全を経済面から確保する」という経済安全保障の観点からも極めて重要なことと言えよう。

（２０２３年３月脱稿）

注

（１）「経済安全保障は多岐に渡る新しい課題であって、我が国を含めて、その定義という意味では、主要国において確立したものがあるわけではありません。あえて分かりやすく申し上げれば、国家そして国民の安全を経済面から確保することと言えるのではないかと思います（後略）」。令和４年３月23日に行われた、第２０８回国会、衆議院内閣委員会第11号における、立憲民主党本庄知史委員からの質問に対する小林鷹之大臣（当時）の答弁。

（２）The White House（Via Teleconference）"Background Press Call by Senior Administration Officials on Russia Ukraine Economic Deterrence Measures," January 25, 2022（https://www.whitehouse.gov/briefing-room/statements-releases/2022/01/25/background-press-call-by-senior-administration-officials-on-russia-ukraine-economic-deterrence-measures/）.

（３）ロシアに対する経済制裁の時系列に関してはピーターソン国際経済研究所（ＰＩＩＥ）のChad P. Bown氏の資料を参考にした（https://www.piie.com/blogs/realtime-economic-issues-watch/russias-war-ukraine-sanctions-timeline）。

（４）制裁には貿易制限を含むさまざまな手法がとられたが、ここでは金融を中心に見ていく。

（５）「ＳＷＩＦＴからのロシア排除に日本も参加、プーチン氏ら資産凍結　首相表明」ロイター、２０２２年２月27日（https://jp.reuters.com/article/japan-russia-ukraine-idJPKBN2KW0G4）。

（６）大矢伸『地経学の時代――米中対立と国家・企業・価値』実業之日本社、２０２２年、７－11ページ。

（７）経済産業省・資源エネルギー庁資源・燃料部「化石燃料を巡る国際情勢等を踏まえた新たな石油・天然ガス政策の方向性について」令和４年４月22日。他国も同様に参照した（https://www.meti.go.jp/shingikai/enecho/shigen_nenryo/sekiyu_gas/pdf/018_03_00.pdf）。

（８）「Ｇ７首脳共同声明」"a. First, we commit to phase out our dependency on Russian energy, including by phasing out or banning the import of Russian oil. We will ensure that we do so in a timely and orderly fashion, and in ways that provide time for the world to secure alternative supplies. As we do so, we will work together and with our partners to ensure stable and sustainable global energy supplies and affordable prices for consumers, including by accelerating reduction of our overall reliance on fossil fuels and our transition to clean energy in accordance with our climate objectives." ２０２２年５月８日（https://www.whitehouse.gov/briefing-room/statements-releases/2022/05/08/g7-leaders-statement-2/）。

（９）「エネルギーのロシア依存『下げるべき』78%　物価高でも　制裁『強化を』42%」『日本経済新聞』朝刊２０２２年４月25日（https://www.nikkei.com/article/DGXZQOUA231DA0T20C22A4000000/）。

（10）「ロシア原油、上限60ドル発動へ　Ｇ７とＥＵ足並み　相場安定と両にらみ　制裁効果に疑問も」『日本経済新聞』２０２２年12月４日

(https://www.nikkei.com/article/DGKKZO66532670T01C22A2EA2000/)。

(11) ２０２２年12月13日のＧ７首脳共同声明においては「我々は、ロシアの残酷な戦争によって損害を受け又は破壊された重要インフラについて、ロシアが最終的に回復の代価を払う必要があると決意する」と言及されている。「Ｇ７首脳テレビ会議」２０２２年12月13日 (https://www.mofa.go.jp/mofaj/ecm/ec/page6_000790.html)。

(12) Henry Farrell and Abraham L. Newman, “Weaponized Interdependence: How Global Economic Networks Shape State Coercion,” Daniel W. Drezner, Henry Farrell and Abraham L. Newman eds., *The Uses and Abuses of Weaponized Interdependence*, Brooking Institution, press 2021.

(13) Emily Jin, “Why China’s CIPS Matters (and Not for the Reasons You Think),” Lawfare, April 5, 2022 (https://www.lawfareblog.com/why-chinas-cips-matters-and-not-reasons-you-think).

(14) Elliot Wilson, “China’s CIPS trapped in Swift's shadow,” *Euromoney*, March 04, 2022 (https://www.euromoney.com/article/29sh7rxz38y3j2kd7vmrk/treasury/chinas-cips-trapped-in-swifts-shadow).

(15) より正確には、ＣＢＤＣには一般の人々が保有するリテールＣＢＤＣ（一般ＣＢＤＣ）と、民間銀行が保有するホールセールＣＢＤＣがある。しかし、民間銀行はすでに電子的な中央銀行への債権（準備預金）を保有しているので、ホールセールＣＢＤＣの意義は限定的であり、主要国がＣＢＤＣという名目で検討しているのは基本的にはリテールＣＢＤＣである。

(16) 詳細は、前掲の大矢伸『地経学の時代』２１４－２１７ページ参照。

(17) “Executive Order on Ensuring Responsible Development of Digital Assets” ２０２２年３月９日大統領令 (https://www.whitehouse.gov/briefing-room/presidential-actions/2022/03/09/executive-order-on-ensuring-responsible-development-of-digital-assets/)。

(18) 大統領令のSec4. (b)(v) には以下の記載がある。“the extent to which foreign CBDCs could displace existing currencies and alter the payment system in ways that could undermine United States financial centrality.”

(19)「中央銀行デジタル通貨に関する連絡協議会中間整理」２０２２年５月13日 (https://www.boj.or.jp/paym/digital/rel220513b.pdf)。

(20) たとえば、システム障害への耐性を高めることが、処理速度の低下により利便性の低下につながる可能性などを例示している。

(21) ただし、間接型であってもＣＢＤＣは日本銀行の債務を構成する。

(22) もっとも、既存の民間提供のデジタル通貨で満足しているので、実証実験のときのように無料でデジタル通貨を配布してくれるならともかく、本格展開時に積極的にＣＢＤＣを使う誘因に乏しいのではないかとの声もある。

(23) ＩＭＦプレスリリース “IMF Executive Board Concludes Quinquennial SDR Valuation Review and Determines New Currency Weights for SDR Valuation Basket,” ２０２２年５月14日 (https://www.imf.org/en/News/Articles/2022/05/14/pr22153-imf-board-concludes-sdr-valuation-review)。

第8章

安全保障生産・技術基盤

――安全保障生産・技術基盤をいかに守り、育て、活用していくのか

尾上　定正

1　経済安全保障の要諦は軍事と産業・技術の最適関係の構築

経済力は、国民の生活水準を高め、社会を活性化し、国防に不可欠な軍事力を造成する国力の源泉である。習近平国家主席は、2013年3月の就任演説で富国強兵の必要性を強調したが、その後の中国の軍事力の顕著な増強はそれを裏付けている。軍事力を増強するには経済力が必要であり、相互依存の国際関係の下では、経済力自体が相手に意思を強要する手段となり得る。

しかしながら、軍事力によって現状変更を強要する国家に対し、現状維持を志向する国がそれを跳ね返すには、ウクライナ戦争で証明されたとおり、最終的には相手に優る軍事力が必要となる。

そして、相手に優る軍事力を造成するカギは技術力だ。技術力の格差が戦争の帰趨を決することは、歴史だけでなく現在のウクライナ戦争が証明している。ウクライナは、遠隔操作もしくはＡＩで自律行動するドローンによってロシア軍の戦車を破壊し、進軍を食い止めた。２０１４年に受けたサイバー攻撃を教訓に、ロシアが仕掛けるハイブリッド戦や情報戦で、ウクライナは優位に戦いを進めている。その裏には、スターリンク衛星やGoogle Mapに代表される欧米の技術支援がある。そして、技術力は経済力を生み出すカギでもある。先進的な技術を開発するイノベーションとその技術を経済力や軍事力に転化し、実装化する力がモノを言う世界に我々は生きている。米中をはじめ、主要国は須《すべか》らくこの技術力、経済力、軍事力に優越するための戦略的競争に鎬《しのぎ》を削っている。

　中国の「軍民融合」戦略、米国の官民挙げた取り組みは、この戦略的競争における国・政府の役割の重要性を示している。日本も遅まきながら、経済安全保障の旗のもと、「経済安全保障推進法」が制定された。同法は、対中機微技術の輸出管理という問題意識からスタートし、グローバル化したサプライチェーンの中で、我が国の「戦略的自律性」と「戦略的不可欠性」をどう確保し、高めていくかという視点で構成されている。その柱は、①重要物資の安定的な供給の確保、②基幹インフラ役務の安定的な提供の確保、③先端的な重要技術の開発支援、④特許出願の非公開制度の４つである。

　しかし、国家安全保障を高めるための「富国強兵」の処方箋とするには、不十分だ。国家安全保障と経済安全保障の両方の中心に位置する防衛産業の維持・育成・強化や非防衛産業の革新的技術の活用など、より包括的な戦略が必要である。軍事と非軍事の境界が意味を失いつつある現実を踏まえ、軍事と産業・技術が最適関係を結ぶ安全保障生産・技術基盤を育成・保全・活用する体制を目指さなければならない。２０２２年12月に決定された国家安全保障戦略、国家防衛戦略及び防衛力整備計画の戦略３文書は、防衛生産・技術基盤を「いわば防衛力そのもの」と位置付け、政府横断的な取り組みと官民の研究開発態勢強化等を進めると明記した。防衛省は裏付けとなる法案も準備しており、これらの措置が迅速に実践されることが重要である。（注）

2　防衛産業の役割と現状

工廠《こうしょう》を持たない日本の防衛体制において、防衛産業は自衛隊の兵站と研究開発を担う防衛機能そのものである。その防衛産業の衰退に関する危機意識は早くから防衛関係者には共有されてきた。防衛装備品の高性能化に伴う調達単価や維持・整備経費の増加と調達数量の減少、研究開発コストの上昇に追随できない防衛関係の研究開発予算、技能の維持・伝承の困難化や一部企業の防衛事業

（注）２０２３年10月１日、「防衛省が調達する装備品等の開発及び生産のための基盤の強化に関する法律」が制定・施行された。

からの撤退などの逆風の中、２０１４年（平成26年）６月に「防衛生産・技術基盤戦略」が策定された。

前年に初めて策定された国家安全保障戦略と改定された防衛計画の大綱を受け、防衛省・装備庁が打ち出した起死回生の策だったが、その後も新規参入はほとんどなく、長年の防衛企業の撤退にも歯止めがかかっていない。自衛隊は、防衛産業なしにはいかなる任務も遂行し得ず、防衛産業の衰退は自衛隊の弱体化と同義である。ロシアによるウクライナ侵略という現実や我が国周辺の厳しい安全保障環境を踏まえると、有事に備えた防衛産業のあり方を抜本的に見直す必要に迫られている。

専守防衛を基本とする自衛隊の作戦は基本的に本土が戦場となる。外征を前提とする米国は、ウクライナ戦争においてウクライナ軍の兵器庫となっているが、日本の場合は、ウクライナと同じ状況になる。有事には緒戦から長射程ミサイルの飽和攻撃が予想され、国全体が緊急事態となる。敵の優先的な攻撃目標となる自衛隊の基地・装備品や各種システムにも大きな被害が出る。この戦闘で損傷を受けた戦闘機や指揮通信システムを応急修理し、必要な部品や弾薬を緊急生産できるのは、既存の防衛企業をおいて他にない。けれども、攻撃が継続している地域や自衛隊基地に赴いて損傷した戦闘機の検査・修理を行う民間企業の技術者や工員がいるだろうか。あるいは、国家的な緊急事態の下で、自衛隊の継戦に必要な装備や物資の緊急増産に応じる企業はあるだろうか。

防衛省・自衛隊と防衛企業は契約によって権利義務関係が生じる。自衛隊にはそれ以外に、防衛企業に物品や役務の提供を要求する手段はない。唯一の例外は、自衛隊法１０３条に規定される防衛出動時の施設管理、物資の使用・保管・収用についてだが、対象となるのは「医療、土木建築工事又は輸送を業とする者」であり、防衛企業は該当しない。第2次世界大戦では、帝国陸海軍に徴用された民間船舶が攻撃され、陸海軍の兵員以上の民間人の犠牲が出た。徴用された企業や犠牲になった船員は、軍人・軍属としての身分がなく、船舶の損失や船員の死傷に対する補償も十分に行われなかった。国家の強制的な徴用に対する強い憤懣・反感と警戒心は、海事関係者の間に今なお強い。大半の国民にとって、防衛出動や自衛隊支援は別世界の話であろう。自衛隊員は自らの意思で「身の危険を顧みず任務を遂行する」ことを宣誓し、十分かどうかは別として、任務行動中の死傷に対する補償が制度化されている。日本の防衛に欠けているのは、グレーゾーン事態から武力攻撃事態にいたるまで、自衛隊の任務・行動を支える民間能力を確保する制度である。そして、国防のためには一定のリスクを受け入れ、自衛隊を支援する意思を持つ民間技術者や従業員を大幅に増やさなければならない。今般の戦略3文書においてもこの点については踏み込まれていない。

自衛隊の任務遂行には防衛企業や重要基幹インフラの能力が不可欠であり、工廠を持たない我が国にとって、これらの民間能力は防衛力そのものである。しかしながら、企業には防衛事業に対するさまざまな否定的感覚がある。その背景には国民の「軍事」に対する忌避感がある。この影響の強さは、日本学術会議による大学の防衛分野への研究協力の拒否や防衛装備移転三原則の実状を見ても明らかだ。その根源は、憲法9条2項による「その他の戦力（other war potential)」の不保持と占領軍による軍事産業の禁止政策まで遡るので、根は深い。自衛隊が憲法違反・税金泥棒と揶揄された時代から国民に最も信頼される組織に成長するまでには、長い年月と国際平和活動や東日本大震災など目に見える活動において成果を出す必要があった。一方、我が国の防衛力において自衛隊と車の両輪の対をなす民間防衛産業は、一般国民や他の産業分野から隔離されたままとなっている。主要防衛企業においても、防衛事業部はその他の事業部から切り離され、技術や情報の交流はほとんどないのが実状である。政府は、この垣根を取り払い、防衛産業・事業の役割や重要性を企業のステークホルダーや国民に周知し、防衛力そのものとしての防衛企業を正当に位置付ける必要がある。

防衛産業は土俵際に追い詰められている。高度成長時代（１９５５年から１９７２年）の日本の経済成長率は年平均10％、その後の安定成長時代（１９７３年から１９９１年）でも年平均４・２％の成長があった。防衛予算はＧＤＰ比１％とされていたが、高い経済成長率のお陰で、毎年の防衛予算も経済成長率と同程度の伸びがあった。しかし、バブルが弾けた以降の防衛費は、経済の低成長に連動するだけでなく、欧米の「平和の配当」に追従した10年連続（２００２年から２０１２年）の削減を経験した。２０１２年からは増加に転じたものの、１９９７年度の水準を超えたのはようやく２０１９年になってからであり、この20年以上の予算の削減と停滞のしわ寄せが、防衛産業を直撃してきた。

たとえば、戦車、艦艇、戦闘機などの主要装備品の調達数が減少したため、若手技能者の採用が抑制され、育成機会が減少し、高い技能を持つ工員の維持、技能伝承に問題が生じている。少し古いデータだが、平成15年（２００３年）以降の10年間で、防衛産業から事業撤退・倒産等した企業数は１０２社に上ったとされる（『防衛生産・技術基盤研究会最終報告』防衛生産・技術基盤研究会、平成26年６月）。近年もこの傾向は続いており、小松製作所（２０１９年）、ダイセル（２０２０年）、住友重機械工業（２０２１年）、三井Ｅ＆Ｓ造船（２０２１年）が防衛事業から撤退した。２０２２年2月には、輸送機用ブレーキなどを製造する油圧機器大手のカヤバ（ＫＹＢ）が撤退方針を公表し、11月には島津製作所も防衛事業からの撤退を固めたと報道されている。

同盟国アメリカとの関係も防衛産業には逆風となった。米国は日本の防衛力強化のため、Ｆ－15戦闘機等の最先端装備のライセンス生産を認めるなど、技術供与に寛大であった。しかし、東芝ココム事件や日米経済摩擦によって米国の日本に対する目は厳しくなり、当初国内開発を予定していた国産支援戦闘機Ｆ－１の後継機開発は、米国の政治圧力によって米国製Ｆ－16をベースとする日米共同開発とされた。以降、米国最新技術へのアクセスは厳しく制限されるようになり、ライセンス国産で取得したＦ－４の後継機のＦ－35は、ほとんどブラックボックスのままのＦＭＳ（Foreign Military Sales：海外有償軍事援助）による調達である。これでは国内企業にカネも落ちないし、技術も蓄積されない。

ＦＭＳ契約額は近年増加の一途をたどり、直近5年間の年平均では４４３７億円に上る（平成21年から25年の5年間の年平均は８３８億円）。防衛省は、国内企業の輸入装備品等（Ｆ－35等航空機や在日米軍艦艇）の維持整備事業の参画促進、そのためのワンストップ相談体制の整備等を進めている。米国企業のサブコントラクターとして我が国企業がグローバルなサプライチェーンにより一層参画することを通じ、防衛産業の仕事量の増加や技術等の蓄積による防衛産業基盤の強靭化を目指すもので、効果が期待される。実現には、米国基準の情報セキュリティ体制の整備が必須であり、その先にはセキュリティ・クリアランス制度が必要となろう。スピード感と規模感を持って進めることが重要である。

防衛産業は、防衛装備品の開発・生産、維持・整備、運用のライフサイクル全般に関わり、防衛の重要な一翼を担う。その一方、防衛産業の顧客は防衛省のみにほぼ限定され、特殊な技術やノウハウ、セキュリティを要する防衛産業に参入する企業は少ない。したがって、防衛産業基盤が一旦失われると回復することは極めて困難であり、防衛産業の維持・育成については、自由な市場原理に任せるのではなく、防衛政策の一環として国が主導する姿勢が要る。国家防衛戦略等に基づき防衛省は、防衛企業の高い利益率の確保や包括的な財政支援、事業継承に必要な場合の製造施設の国有化などの施策を打ち出している。

これらの施策が実効性を持って遂行されるには、防衛省の体制強化のみならず、防衛産業や新規参入企業の積極的な関与が不可欠である。防衛産業サプライチェーンの頂点にある三菱重工等のプライム企業が下請け企業以下を牽引することが重要であり、能動的な役割を期待されている。

3　不十分な新興技術の軍事・安全保障への応用

革新的な技術の登場によって戦争の様相が変わる「軍事革命」は過去にも度々あった。近年のＩＴ、ロボット、バイオ、量子技術等の同時多発的な技術の革命的進化は、軍事の領域を宇宙、サイバー、電磁波に拡大し、空間的な概念だけでなく時間的な概念も一変させつつある。これらの技術は、経済成長の原動力であるとともに軍事力の優越性をもたらす両用性を有しており、その多くが企業や大学・研究機関等の民間セクターで開発されている。中国は「軍民融合」戦略で、米国はＤＡＲＰＡ（国防高等研究計画局）やＤＩＵ（国防イノベーションユニット）等によって軍民エコシステムを構築し、相手に先んじて革新的両用技術を軍事に応用しようとしている。

日本の場合、経済安全保障推進法に基づき、先端的な重要技術の開発支援に関する制度が導入されるが、軍事はその焦点ではない。新国家安全保障戦略は、「技術力の向上と研究開発成果の安全保障分野での積極的な活用のための官民連携の強化」を掲げ、政府横断的な体制の強化と新たな仕組みの創設を明記している。また、経済安全保障推進法に基づき設置された「経済安全保障重要技術育成プログラムを含む政府全体の研究開発に関する資金及びその成果の安全保障分野への積極的な活用を進める」としている。

一方、防衛省は防衛省独自の研究開発体制の強化・迅速化と民生先端技術の取り込みのため、新たな研究機関の創設を含む体制の強化の施策を打ち出している。いずれも適切かつ大胆な施策だが、狙い通りの成果を生むには新たな体制や仕組みの細部が目的通りに機能する細部の制度設計が重要であり、それらを定着させる継続的な努力が必要だ。防衛省が用意する防衛装備品の開発・生産基盤の強化法案が経済安全保障推進法と別建てであることに象徴されるように、政府横断かつ官民連携の実効性を担保するには多大な困難が予期される。この困難を克服するには、民間セクターの革新的技術を自衛隊の装備や作戦運用に素早く応用することを阻んできた原因を明らかにしておく必要がある。ドローンを例に考えてみたい。

ウクライナ戦争では、ロシアの20世紀型戦車戦に対して自爆ドローンが重要な防御力となっている。２０２０年9月のナゴルノカラバフ州をめぐるアルメニアとアゼルバイジャンの紛争でも、ドローンが勝敗の帰趨を決めた。遠くない将来には、ロボットとヒトが融合した戦闘システム、ＡＩによって自動化された指揮統制ネットワーク、生体情報で監視する特定の個人の認知領域への攻撃などが実戦に登場するであろう。また、戦いの様相を変えるGame Changerとなったドローンに対抗するため、イスラエルは1発５００円でドローンやミサイルを撃墜する高出力レーザー兵器「アイアンビーム」の試験に成功した（２０２２年4月23日）。米海軍も同様のLaser Trailblazerの試験を太平洋上で成功裏に実施した（２０２２年4月13日）。ドローンに代表される無人装備は、人的損耗を局限し、偵察から攻撃まで多用途に使え、安価で消耗可能、しかも攻撃目標となる艦艇や車両は防御が困難など、多くの利点を有する。各国軍隊は無人機の導入競争をしているが、自衛隊の動きは鈍かった。国家防衛戦略は、防衛力の抜本的強化に当たって重視する7つの能力・機能の1つに無人セット防衛能力を挙げ、「2027年度までに無人アセットを早期装備化やリース等により導入し、幅広い任務での実践的な能力を獲得する」とした。そのためには、防衛省・自衛隊と無人機関連企業の強力な連携が不可欠だ。

実際、日本国内にトルコのバイラクタルや中国のDJIのような軍用無人機を開発製造する企業はほとんどない。自衛隊側も、四面環海の我が国では彼我ともに「距離の暴虐（tyranny of distance）」の問題で、航続距離の短い小型ドローンの運用は制約されるため、災害派遣などの限定的な使用にとどまった。小型無人機飛行禁止法の規制や予算の制約、硬直的な調達制度、さらには専守防衛が染み付いた運用構想も背景にあり、国産の優れた産業用ドローンを軍事に応用する取り組みは行われてこなかった。簡単に言えば、ニーズとシーズをマッチングする仕組みがなかった。これは「鶏と卵」ではなく、まず自衛隊が今後の脅威に対してどう戦うか、そのためにどのような能力や装備が必要かを徹底して考え、無人アセットの運用要求を具体的に明らかにしなければならない。その上で法制度等を改善しつつ、国家防衛戦略においても重要視されている無人アセットの活用について民間企業とのコラボを進める必要がある。

たとえば、北朝鮮の弾道ミサイル脅威に対処するには、相手の動向を察知するISRT（Intelligence, Surveillance, Reconnaissance and Targeting）能力が不可欠であり、北朝鮮軍の指揮統制通信システムを無力化する能力（電磁パルス、サイバー、火力）が要る。逆に、電子戦やサイバー攻撃に長けた相手から、戦闘機や哨戒艦を防御するサイバー・電磁波領域の装備技術も喫緊の課題である。無人アセットはこれらの能力を人的被害や経費を局限しつつ提供し得る有力な手段だ。自衛隊は統合軍事戦略や作戦構想・事態対処計画等に基づく能力評価を徹底的に実施し、このようなニーズを可能な限り具体的な要求事項として提示できるようにする必要がある。

　一方のシーズは、これまで、既存の防衛企業が自衛隊の要求を受け開発するか、商社等が海外の装備品を提案する以外には見つからなかった。電子戦は対象国の電磁波情報の収集分析評価等の秘匿度の高い技術が必要であり、国内企業の技術レベルはイスラエル等の軍事企業に比較して低く、現場で運用する自衛官からは「国産は使えない」との苦情もあると聞く。企業からすれば、自衛隊という極めて小さい顧客を相手に、大きなリスクをとり、コストをかけて新たな技術や装備を開発するメリットはない。畢竟、既存装備の能力向上や小手先の改善で済まそうとなる。また、これまで日本の防衛を支えてきたという自負から、海外企業との協業にも消極的だ。さらに、宇宙・サイバーの新領域は防衛企業にとっても新領域であり、シーズとなる技術はほとんどない。これらの領域のシーズは言うまでもなく、民間企業や大学・研究機関に豊富に眠っているが、軍事に関わることをリスクと考える企業やタブーとする日本学術会議によって、眠ったままだ。

　防衛省は眠っているシーズを掘り起こすため、独自の努力を続けているが、壁は厚い。たとえば、安全保障技術研究推進制度（防衛省ファンディング）は、「防衛分野での将来における研究開発に資することを期待し、先進的な民生技術についての基礎研究を公募する」制度で、2015年度から導入された。日本学術会議は2017年に「軍事的安全保障研究に関する声明」を発表し、同制度への批判を展開、2020年8月には「『軍事的安全保障研究に関する声明』への研究機関・学協会の対応と論点」を発表し、同制度への応募状況等のアンケート調査結果を報告している。この結果、2018年度には251件あった研究成果発表が、2020年度には24件に激減している。日本学術会議は内閣府に設置された政府機関であるにもかかわらず、国民の命や暮らしを守るための取り組みを妨害しているのである。政府はまず、このような政府内の自家撞着を排し、新国家安全保障戦略に明記された政府横断的な体制により、新たな戦い方に求められるニーズと官民研究機関のシーズをマッチングさせる仕組みを実効的に機能させなければならない。

防衛省はすでに、民間企業が持つ先端技術の装備品への活用を進めるため認証制度を創設するなど、橋渡し研究の強化を図ろうとしている。民間側から最先端技術を使用したシステムや防衛装備品に特化した技術について提案を受け付け、防衛省が緊急性や重要性の高い案件を特区対象事業として認証、省内横断型の特区推進支援政策としてまとめ、研究開発と試作を経て可能な限り早期の装備化に漕ぎつけることを目指す。対象となるのは、ドローンやスタンドオフミサイル、電磁波やAIであり、スタートアップ企業も含めた産業界での企画競争を取り入れ、防衛部門と民生部門が結集して企業側が「目利き」を担うことを期待している。防衛省の狙い通りに制度が定着することを期待したいが、防衛省ファンディングと経済安全保障重要技術育成プログラム基金の関係整理、基金の使途や成果の帰属・利用などについて役所の縦割りを打破することが求められる。

防衛産業の市場規模は小さい。国の防衛予算の装備品調達費からＦＭＳ調達経費等を除いた約２兆円であり、防衛需要依存度（会社売上に占める防衛関連売上の比率）は平均で５％程度に過ぎない。一般企業の大半は防衛に無関心であり、主要防衛企業においても防衛事業の扱いはせいぜい脇役か端役である。それゆえ、政府は防衛産業に注意を払わずにきた。経済安全保障法と防衛省の法案が並走するのは、経済産業省と防衛省の路線がうまく統合できていない証左であろう。そのような経緯を踏まえると、新国家安全保障戦略で防衛力の抜本的強化と総合的な防衛体制の強化との連携が明示された意義は大きい。研究開発分野における取り組みを「関係省庁の枠組みの下で推進し、総合的な防衛体制を強化する」には、まだまだ紆余曲折が予期される。しかし、防衛ニーズと両用シーズのマッチングという最も重要な仕組みの実現は、将来の日本の防衛に必要不可欠である。政府は、政府一体として目指す防衛生産・技術基盤を明らかにし、伝統的な防衛産業のみならず安全保障に重要な両用技術を保有・開発する企業を取り込んで行くことが求められている。

政府が目指すべきは、新技術を抱える新興企業、民生品製造企業、伝統的な防衛産業、海外製品や技術情報を提供する商社等を含めた総合的な企業群、即ち安全保障生産・技術基盤に、自衛隊の運用要求を直接伝え、さまざまな試作や運用試験を共同で実施するようなエコシステムの醸成である。軍事に馴れない企業に軍需インセンティブを与えるには、コストやリスクを国が負担するだけでなく、参画することへの意義づけや得られる利益、あるいは参加しない場合の不利益（たとえば自社製品の軍事的価値を理解せず海外に輸出し、日本に不利益をもたらすようなケース）を分かりやすく、広く説明する振興策が必要だ。

また、両用技術を軍事に応用するには、有事の戦闘場面で機能発揮できることを確認するための特殊な環境が要る。一例を挙げれば、電波使用の制限解除や航空法の適用除外である。海自の新型哨戒艦「のしろ」には国産開発された新型マルチ・ファンクション・レーダー、OPY－2が搭載されている。対空・水上の捜索・探知・追尾、主砲・ミサイル管制、ESM等さまざまな機能を備えるレーダーだが、総務省から電波使用許可が得られないため、硫黄島まで出向いて電波発射試験を実施する必要があった、と聞く。ドローンについても産業用ドローンにホビードローンと同様の厳しい規制がかかるため、ドローン産業振興の大きな足かせとなっている。さらに軍事ドローンの開発には航空法だけでなく、電磁波攻撃への耐性試験や飛行特性に応じた搭載ペイロードの評価など、平時の法律や規制を解いて実施しなければならない項目が多い。これらについては、各省庁等にまたがる規制を横断的に適用除外する国としての方針が不可欠である。

革新的な新興技術の多様な発展によって、軍事と非軍事の境界は意味を失いつつある。政府はこの現実を踏まえ、従来の防衛産業を安全保障生産・技術基盤に発展させ、優れた民生技術を軍事に応用することを含めた経済安全保障を目指す必要がある。

4　安全保障貿易管理と装備移転三原則の統合

国内の戦略的技術の移転管理は、経済安全保障の重要な柱だが、この分野でも軍事と非軍事の境界は意味を失いつつあり、新たなアプローチが求められている。

たとえば、ウクライナ軍が対峙するロシア軍の主力ドローンOrlan（オルラン）シリーズには、エンジンやカメラなどの重要部分に、小型エンジン製造で有名な斎藤製作所のエンジンやキヤノンの一眼レフカメラなど、日本製品が複数使用されていることが判明している。耐久性や安全性に優れる日本のバッテリーや電池は、車両器材、無人機、通常動力型潜水艦等の幅広い軍用装備品に容易に応用できる。これらの汎用民生品に輸出規制をかけることは困難であり、企業の競争力を削ぐので規制するべきではないだろう。ロシアへの出荷を控えていた斎藤製作所は、経産省の「軍事転用の懸念が払拭できず、ロシア向けには輸出許可が必要になる」との通知を踏まえ、ロシアへの輸出を断念し、これを機にロシアの代理店とも契約を解除、ロシア市場から撤退した[1]。同社の対応は極めて適切であり、今後の安全保障貿易管理の範となろう。

日本の現在の安全保障貿易管理（輸出管理）は、「我が国を含む国際的な平和及び安全を維持すること、並びに懸念取引等に自社が巻き込まれるリスクを回避すること」を目的に、「武器や軍事転用可能な貨物や技術が、我が国を含む国際的な平和、及び安全を脅かすおそれのある国家やテロリスト等、懸念活動を行うおそれのある者に渡ることを防ぐため、先進国を中心とした国際的な枠組（国際輸出管理レジーム）を作り」、推進されている。(2) 主管は経済産業省であり、外為法をはじめとする関連法令によって、リスト規制（武器、機微な貨物や技術をリスト化して規制する仕組み）とキャッチオール規制（リスト規制品以外を補完的に規制する仕組み）が行われている。この仕組みは、国際社会と連携し武器等の取引を管理することで我が国に対する脅威を減らすと同時に、国内企業が規制違反を犯すリスクを局限するものであり、今後も改善を加えつつ規制の実効性を高めていくことが重要だ。

ロシア軍のドローンの例は現行規制の違反には当たらないが、今後の改善が必要な分野を示している。リスト規制の該当貨物には武器、先端材料、エレクトロニクスなど15分野の品目が掲載されているが、一見しただけでは該非の判断が難しい。キャッチオール規制まで含めると、規制対象物や輸出先を規格化することはさらに困難だ。規制に関する企業意識をＥＳＧのように高めるとともに、企業から申請があった際にワンストップで迅速に承認できる体制を作る必要がある。また、該非評価を適切にするため、先進両用技術の軍事的効用や地域軍事動向に詳しい自衛官・技術者・研究者を含む諮問機関を常時稼働させることも必要であろう。

安全保障貿易管理において自衛隊の果たすべき役割は大きい。太平洋戦争で日本軍が苦しめられた米軍のレーダーが、実は日本人技術者の八木秀次技術院総裁の特許に基づき英米が開発し、日本に先んじて実戦配備したという逸話は有名だ。その裏には、海軍の八木氏に対する嫌がらせで特許の期限が解除され、また開発に乗り出した陸軍とも情報共有しない実態があったという。自衛隊は、将来の作戦において自衛官の命を守り、任務をより有効に遂行できる可能性のある国内技術にもっと敏感である必要がある。近年、中ロや北朝鮮の極超音速兵器が注目されているが、日本は１９９６年2月に宇宙往還機開発の一環として極超音速滑空飛行実験を行っている。三菱重工が製造したＨＯＰＥ－Ｘ実験機が種子島から打ち上げられ小笠原に着水、極超音速ミサイルと同じ高度（30～50km）・速度（マッハ2～12）範囲を飛行している。しかし、この25年前の革新技術が防衛に活かされることはなかった。「はやぶさ」の試料採取技術や宇宙往還機ＨＯＰＥは日本の優れた宇宙技術であり、安全保障上の意義は極めて大きい。防衛省が令和6年度以降に創設する新たな研究機関や先進技術の橋渡し研究には、自衛隊のニーズと企業のイノベーション力を結びつける「目利き力」が不可欠である。

さらに、優れた民生技術を防衛に実装化するには、運用者による試行錯誤を繰り返さなければならないし、このプロセスを経ないと官民双方の「目利き力」も洗練されない。そしてこの「目利き力」こそが、防衛産業を超えて大きく広がる機微技術の管理に求められている。防衛省・自衛隊が国内の産業技術基盤を活用することは、自衛隊の戦力を強化し、国内の産業を強化すると同時に、技術流出のリスクを減らすことにもなるのである。

日本政府はウクライナ軍を支援するため、２０２２年3月8日、防弾チョッキ、鉄帽（ヘルメット）、防寒服、天幕、カメラのほか、衛生資材、非常用糧食、発電機を、4月19日には、化学兵器等対応用の防護マスク及び防護衣並びにドローンの譲与を決めた。その際、国家安全保障会議4大臣会合を開き、「国際法違反の侵略を受けているウクライナへの防弾チョッキの我が国からの移転」は、「ロシア連邦によるウクライナへの侵略が、明らかにウクライナの主権及び領土の一体性を侵害し、武力の行使を禁ずる国際法の深刻な違反であるとともに国連憲章の重大な違反である。この断じて認められない力による一方的な現状変更は、欧州のみならず、アジアを含む国際秩序の根幹を揺るがす行為であり、これに対して我が国が国際社会と結束して毅然と行動することは、我が国の今後の安全保障の観点からも極めて重要である。そのため、ウクライナ政府からの要請を踏まえ、防衛装備である防弾チョッキを含む装備品等を迅速に供与することは、我が国の安全保障の観点から積極的な意義を有する」とされた。その上で、ウクライナ政府による適正管理を確認し、装備移転運用三原則の運用指針に「（オ）国際法違反の侵略を受けているウクライナに対して自衛隊法第116条の3の規定に基づき防衛大臣が譲渡する装備品等に含まれる防衛装備の海外移転」を追記している。

ウクライナ政府の要請に応じて、過去の例に比べると速やかに判断し、「武器」に当たる防弾チョッキを提供したことは評価できる。しかし、明白な侵略を受けている国に対し自衛に必要な装備を提供することは、長々と説明するまでもなく、国際社会の一員として当然のことではないか。さらには、三原則の運用指針を改正するために4大臣会合を開催しなければならないという手続きの方が問題であろう。ロシア軍のOrlanドローンに日本製のカメラやエンジンが使われている実態を考えると、これほど厳格に武器輸出を規制する意味を再考する必要がある。

武器輸出に関しては、昭和42年（１９６７年）、佐藤栄作総理大臣が、輸出貿易管理令等の運用指針として①共産国、②国連決議により武器等の輸出が禁止されている国、③国際紛争当事国又はそのおそれのある国に対しては武器輸出を認めないことを表明し、武器輸出三原則とされた。冷戦時代にあって利敵行為となる武器取引を禁止するとともに、紛争当事国に武器を提供し紛争に巻き込まれることを避けることが目的であり、適切な指針であったと評価できる。

問題は、その後昭和51年（１９７６年）、三木武夫総理が「武器輸出に関する政府統一見解」を国会で発表し、①武器輸出三原則対象地域については武器の輸出を認めない、②武器輸出三原則対象地域以外の地域については武器の輸出を慎む、③武器製造関連設備の輸出については武器に準じて取り扱うものとするとして、事実上、武器及び武器技術が全面禁輸されたことだ。もともとの指針の目的（利敵行為の禁止と紛争巻き込まれの防止）が隠れ、武器を禁輸すること自体が目的化してしまったと言える。その後、「対米武器技術供与」（１９８３年）を皮切りに18件の例外措置が実施され、平成23年（２０１１年）、民主党政権の野田内閣がそれまで個別に例外化してきた手法を改め、「防衛装備品等の海外移転に関する基準」（いわゆる「包括的例外化措置」）を定めた。この基準は、①平和貢献・国際協力に伴う案件、②我が国の安全保障に資する防衛装備品等の国際共同開発・生産に関する案件について包括的に例外化措置を講じるものであり、武器輸出を日本の安全保障に寄与する目的で肯定的に認めている。

現在の「装備移転三原則」は、第2次安倍内閣が、平成26年（２０１４年）4月1日、国家安全保障会議及び閣議において、従来の「武器輸出三原則等」に代わる防衛装備の海外移転に関する新原則として決定した。原則1は、移転を禁止する場合を明確化（①我が国が締結した条約その他の国際約束に基づく義務に違反する場合、②国連安保理の決議に基づく義務に違反する場合、③紛争当事国への移転となる場合）、原則2は、移転を認め得る場合を限定し、透明性を確保しつつ、厳格審査（①平和貢献・国際協力の積極的な推進に資する場合、②我が国の安全保障に資する場合）、原則3は、目的外使用及び第3国移転について適正管理が確保される場合に限定、であり、これらの原則を厳格に運用するための運用指針が定められている。

今般の防弾チョッキ提供は、ウクライナは明らかに紛争当事国ではあるが、ロシアの国際法違反の侵略に対して我が国が国際社会と結束して毅然と行動することは、我が国の今後の安全保障の観点からも極めて重要との至極妥当な判断に基づく。本来であれば、この考え方に基づき、三原則そのものを再考しなければならない。運用指針に（オ）の例外規定を設けたことも、例外化を認めないとする三原則の基本姿勢に反する。さらに（オ）に引用される「自衛隊法第１１６条の3の規定」は、「開発途上地域の政府に対する不用装備品等の譲渡に係る財政法の特例」を定めたものであり、今回の趣旨にはそぐわない。このような実態は、武器輸出に関し厳格な基準や手続きを法令で担保しようとするあまり、本来の武器輸出によって日本の安全保障に寄与するという目的達成が難しくなるという自縄自縛に陥っていることを示している。
湾岸戦争当時外務省北米第1課長であった岡本行夫氏は、その現場経験を踏まえ、武器輸出三原則は国内の安易な平和主義に媚びるだけの無茶な政策であり、日本さえ武器から遠ざかれば世界は平和に近づくという「ダチョウが砂に頭を埋める」発想だと批判する。[3] ウクライナのゼレンスキー大統領の「１％でいいんだ。ＮＡＴＯが持つ戦車の１％を供与してほしい」という悲痛な叫びに応え、ドイツはそれまでの方針を１８０度転換し、ドイツ製の自走式対空砲「ゲパルト」や自走榴弾砲「PzH2000」を供与した。日本が置かれている安全保障環境は、ドイツ以上に厳しい。日本がウクライナのような侵略に直面したとき、日本も国際社会に武器の提供を求めるだろう。今こそ、砂から頭を出して、日本自身の安全保障のため、武器輸出と貿易管理のあり方を一体的に再構築する必要がある。

現在の装備移転三原則の決定に、防衛産業界は海外輸出の扉が開いたと大いに期待した。防衛省も、２０１４年（平成26年）６月に「防衛生産・技術基盤戦略」を策定した。同戦略は、欧米諸国における防衛産業の再編や防衛装備品の国際共同開発・生産などの環境変化を踏まえ、我が国においても国際共同開発・生産を含めた防衛装備品の特性等に合致した調達方法を戦略的に採用する必要性があり、①官民の長期的パートナーシップの構築、②国際競争力の強化、③防衛装備品取得の効率化・最適化との両立を図る必要があると指摘している。この戦略に基づく各種取り組みの結果、安全保障技術研究推進制度の導入やフィリピンへの警戒管制レーダー輸出（２０２０年）などの成果が上がったものの、同戦略が意図した防衛産業の活性化には程遠い。とりわけ、防衛装備品の海外輸出の実績が上がらない経緯を見ると、国産装備品の国際競争力と官民のパートナーシップの構造的な問題が浮かび上がる。

国内防衛産業は、自衛隊だけを顧客に特別仕様とも言える装備品を開発・製造してきている。価格よりも性能・品質を重視した国産装備は、海外においても競争力があると官民ともに思い込んでいたが、実際に防衛企業が防衛装備品等の国際展示会に出展してみると、関心は持たれるが契約にはつながらなかった。防衛企業の営業部門が海外取引の経験に乏しく、オフセット取引や現地企業との協業、販売後のアフターサービスなど、国によって異なる契約条件の要求に企業だけの判断では対応できないことなどが障害となった。さらに、日本の国産装備品は高性能だが高価であり、多少性能は落ちても安価な同等品を求める国々の需要に見合わなかったケースも多い。

日本とは対照的に、韓国は、２００６年に防衛事業庁を設立し、政府の補助金で価格競争力を持たせた韓国製品を、国をあげて売り込んだ。それが功を奏し、２００６年に２・５億ドルだった武器輸出を２０１６年には25億ドルと、10年で10倍に増加させている。さらに、昨年7月にはポーランド政府と韓国製戦車約１０００両、自走砲約６００両、戦闘機48機の計約57億６０００万ドル（約８０００億円）の大規模な輸出契約を結んでいる。10月19日にはその契約の一部のＫ２主力戦車10両とＫ９自走１５５㎜榴弾砲24両が早くも出荷された。今回の大規模輸出契約は、ウクライナ支援の穴埋めのための可及的速やかな兵器導入というポーランドの要求に韓国の防衛産業が応じた結果だと考えられる。武器輸出に関しては、単なる性能だけでなく輸出に関する条件や、企業や国家・軍による支援体制も重要になることを韓国の成功は示している。

　価格や品質・性能で競争力のある企業の場合には、装備移転三原則が壁となった。Ａ社の落下傘は安全性や操作性に優れ、数年前からＢ国軍への輸出に向けて企業努力し契約直前まで行ったが、三原則の運用指針が海外移転を認める「救難、輸送、警戒、監視及び掃海に係る協力に関する防衛装備」に落下傘は該当しないとされた。Ａ社担当者は、安全保障貿易管理を主管する経産省と防衛装備庁に何度も調整したあげく、国家安全保障会議での審議が必要と言われ、その負担の重さに断念したと聞く。そもそも三原則は防衛装備品の海外移転を禁止することが目的であり、海外輸出促進が目的ではない。土俵際の防衛産業に海外市場進出による生き残りを促すのであれば、韓国のような国としての支援策が必要だ。

　このような経緯や現状を踏まえると、日本政府は防衛装備移転に関し２つの岐路の選択に迫られている。１つは、韓国をモデルに国産防衛装備品の海外輸出に国を挙げて取り組む道であり、移転三原則は輸出促進を目的とする方針に転換する必要がある。もう１つは、現在の移転三原則の基本を守りつつ、原則２の「移転を認め得る場合」、即ち①平和貢献・国際協力の積極的な推進に資する場合及び②我が国の安全保障に資する場合を政府主導で積極的に推進する道である。筆者は韓国モデルの武器輸出奨励の道は世論の支持や意識改革の面から実現は難しく、日本の国としてのあり様からも相応しくない、したがって、もう１つの道を、国内防衛産業の協力を得ながら進めるべきだと考える。

防衛装備移転は、国内防衛産業の保護ではなく、日本の安全保障に寄与することを目的に、政府・防衛省が主導して事業化することが適切であり、必要だ。フィリピンへの地上警戒レーダー輸出は、防衛装備庁の手厚い支援によって実現した。今後、南シナ海で中国と領有権を争うフィリピンの警戒監視能力を向上させ、また日比の装備協力を促進する効果を持つ。政府は、防衛省の能力構築支援事業としてフィリピンへのTC－90練習機（中古）5機を、ベトナムに巡視船（新艦）6隻を無償供与した実績がある。これを発展させ、日本版の有償援助制度を作り、国産防衛装備品の供与・販売を促進することは検討に値する。適当な装備や技術を選定し、政府事業として海外移転することで、移転先国との安保協力を強化するとともに、選定された国内防衛企業はさらに競争力を高めることが可能となる。

今般の対ロシア経済制裁に中立を保つインドをはじめ多くの国が、ロシア製の防衛装備品を使っていることも考慮に値する。防衛装備や軍事支援を通じたASEANをはじめとする友好国との安全保障関係の強化は、中国との戦略的競争の上で重要な手段だ。ウクライナ戦争の惨状でロシア製兵器の市場価値が大きく下がることは間違いなく、そこに中国が進出する恐れは強い。新国家安全保障戦略は、防衛装備品の海外移転は「重要な政策的な手段となる」と認識し、防衛装備移転三原則等の「制度の見直しを検討する」と明記している。

防衛装備移転三原則は、安全保障貿易管理の枠組みに統合し、両用技術や民生品を含む戦略的な技術移転管理へと発展させる時期に来ている。国際の平和と安定に寄与し自国の安全保障を高めるという本来の目的に適し、同時に国内防衛産業の競争力を強化する、より実効性の高い制度設計が必要だ。先送りせず、新国家安全保障戦略の宿題の1つとして速やかに見直すことが求められている。

5 防衛産業と民間の両用技術を融合した「安全保障生産・技術基盤」の強化

新国家安全保障戦略と国家防衛戦略は、防衛生産・技術基盤を「防衛力そのもの」と位置付け、基盤強化のための各種施策が提示された。これらの施策が実行され、効果が出ることを期待したい。けれども、同じような議論が2013年の国家安全保障戦略及び防衛計画の大綱の策定時にもなされたことを想起すれば、そして、防衛産業以外の民間能力の活用や装備移転と貿易管理の統合の必要性等を踏まえれば、「行うに難し」である。これら施策を画餅に終わらせないためには、各施策の実行状況を定期的に評価し、必要に応じ修正・更新する監督指導体制が要る。今求められているのは、防衛省だけにとどまらない真に政府全体としての抜本的な施策であることを踏まえれば、たとえば国家安全保障局に戦略推進評価チームを設置し、各施策の進捗状況を分析評価させ、毎年の概算要求時にその評価結果を報告させるような仕組みが必要であろう。

現在の日本の安全保障体制は、２０１３年の国家安全保障会議（ＮＳＣ）設置、国家安全保障戦略の策定、２０１４年の国家安全保障局の発足で整った。しかし、安保会議の諮問事項で唯一、これまで一度も審議されていない事項がある。宇都隆史参議院議員は、２０１４年３月の予算委員会で、「安全保障会議設置法の第２条３項に、防衛計画の大綱に関連する産業等の調整計画の大綱を定めると記載されているが、この産業等の調整計画の大綱は一度も国家として定められたことがない」との主旨で質問している。これに対し、経済産業副大臣の答弁は、「産業等の調整計画の大綱について、これまで検討を行ったことはございません。作成する場合には、製造業やエネルギーを所管しております経済産業省といたしましても、他省庁と連携して取り組むことになると考えております」と、まったく他人事であった。当時の安倍晋三首相も、経産省だけで行える判断ではなく戦略的観点からＮＳＣでも議論すべき問題だと述べたが、その後もまったく議論されず、放置されてきた。

工廠を持たない自衛隊にとって防衛産業は、防衛装備品の開発・生産、維持・整備、運用のライフサイクル全般を担う不可欠の存在である。防衛計画の大綱が自衛隊の体制整備に関する指針とすれば、「産業等の調整計画の大綱」は自衛隊を支える防衛産業の維持・育成に関する指針である。この重要な指針を決めずに放置してきた経済産業省と歴代内閣は厳しく批判されなければならない。２０２２年末の改定で、防衛計画の大綱と中期防衛力整備計画は、国家防衛戦略と防衛力整備計画に衣替えしたが、この放置された「産業等の調整計画の大綱」の扱いは依然として不明である。

安全保障のすそ野が大きく広がり、軍事と非軍事の境界が意味を失いつつある今、経済産業省は、「産業等の調整計画の大綱」を発展的に解消し、伝統的な防衛産業と優れた両用技術を保有する民間セクターを包含する「国家経済安全保障戦略」を打ち出す必要があろう。それは国家安全保障戦略を受け、国家防衛戦略と対をなし、国家防衛戦略の実践を国内産業基盤の面から支持するものとなる。

一方、防衛省としては「攻め」の経済安全保障政策を打ち出す必要がある。ＦＭＳに象徴される日米の技術協力の不毛を、革新的両用技術を利用した技術協力の枠組みで活性化するのである。２０２２年1月7日に行われた日米外務・防衛閣僚協議の共同声明には、「人工知能、機械学習、指向性エネルギー及び量子計算を含む重要な新興分野において、イノベーションを加速し、同盟が技術的優位性を確保するための共同の投資を追求する」と明記されている。これを実現する一案として、防衛装備庁に新設される研究機関に十分な予算をつけて民間企業等から広く技術者を募り、日米の官民共同や国際共同の研究開発を実現するのである。厳しい環境におかれ、中国に流出する恐れのある学者や技術者の受け皿にもなろう。企業は、先端技術の開発につきもののリスクやコストを負担せずに済む。自衛隊や米軍による試験を経て素早く実装化することも期待できる。副次的に、日米で異なるセキュリティ基準や性能試験の実施要領等の相互理解を深め、相互のサプライチェーンへの参入も容易になるだろう。必要とする予算規模に比べ、はるかに大きなメリットが見込めるのではないか。

経済安全保障の概念は幅広く関係省庁も多いので、政府全体の協調が要る。企業や大学等の民間組織も主体的な役割を持ち、官民共同が不可欠だ。だが、軍事抜きの経済安全保障はありえない。防衛省と経産省は共同して、防衛産業を安全保障生産・技術基盤という国の基幹インフラへと発展させる必要がある。同時に、深く染み付いた軍事アレルギーを払拭するためにも防衛産業の古い垣根を払い、優れた両用技術を有する企業へ広げ、国民の関心を高めることが重要だ。有事に国を守り、国民の命と暮らしを守る基盤の強化は、経済安全保障の要であり、国家安全保障戦略の重要な柱でもある。

（2023年3月脱稿）

注

（1）部谷直亮「ロシア軍『凶悪ドローン』には大量の日本製品が使われていた」現代ビジネス、2022年4月29日。
（2）経済産業省「安全保障貿易管理ガイダンス［入門編］」令和4年3月。（データは都度更新されているようです）
（3）岡本行夫『危機の外交――岡本行夫自伝』新潮社、2022年。

終章

日本の経済安全保障はどうなるのか

細谷 雄一

1 「パワー・エコノミックス」時代の到来

今、世界は新しい時代に移行しつつある。そこでは、経済安全保障が国際関係の重要な位置を占めるようになり、従来の自由貿易体制に質的な変化が生じ、国家間の対立が新しい段階に入ったというべきである。

船橋洋一はすでに1978年に刊行されたその著書『経済安全保障論』の中で、「パワー・エコノミックス」という新しい用語を用いて、そのような国家間関係の質的変化の萌芽を次のように的確に表現していた。

「脅威を与える手段に経済パワーが行使されることが多くなればなるほど、その対抗手段にも経済パワーが行使されるという、経済パワーの『連鎖反応』現象が見られ、各国が経済安全保障政策の必要性を促すことになる。この現象は、主に国際関係におけるパワーの拡散から生まれているが、単にパワーが拡散するだけでなく、より構造的にはパワーの変質に起因している。[1]」

これを船橋は「経済安全保障」という新しい概念を通じて説明しているが、その後、「エコノミック・ステイトクラフト」や「地経学」というような類似した概念によって、国際関係における質的な変化を描写されることが、増えていった。今や、経済安全保障、あるいは「パワー・エコノミックス」の側面を適切に理解できなければ、現代の国際社会を正確に理解することは難しい。冷戦期の米ソ対立の構造を理解する上で、核抑止、そして相互確証破壊の概念が中心的な位置を占めていたように、ポスト冷戦期の現在の米中対立の構造を適切に理解するためには、経済安全保障の実態を理解することが不可欠となっているのだ。

2　日本の経済安全保障政策の新段階

すでに本書の中で見てきたように、憲法九条に基づいた平和国家としての道のりを歩んできた日本の場合は、安全保障を確立する上で非軍事的なアプローチが他の主要国と比較しても大きな位置を占めてきた。それゆえ、経済的手段で安全保障を確保する経済安全保障の発想が、比較的早い段階から見られてきたのである。また、１９７０年代以降、「総合安全保障」として、経済安全保障をその重要な中核に位置づける政府のイニシアティブも注目されてきた。したがって、日本の経済安全保障への取り組みは、これまで国際的にも注目されることが多かった。[2]

そのような背景の中で、近年になってから急速に日本以外の諸国においても経済安全保障の重要性が注目されるようになってきた。国際社会において経済安全保障が真剣に議論されるようになった重要な転換点は、２０１７年12月のアメリカの国家安全保障戦略（National Security Strategy）、および翌年2月の国家防衛戦略（National Defense Strategy）の公表であろう。そこで対中対決路線が明確化されたことにより、米中対立の構造がよりいっそう熾烈化していった。そのような構造的対立は、軍事的な対立にとどまることなく、技術覇権競争といえるような対立や、経済的なデカップリングという分断のような領域へと拡大している。[3]いわば、米中対立という大きな構造の中で、日本はそれへの対応が迫られるとともに、日本自らが主体的に戦略的自律性と戦略的不可欠性を拡大することが求められているのである。

そのような国際環境の推移の中で、日本国内では独自の論理と制度のもとで、経済安全保障への対応が進展した。[4]より具体的には、第2次安倍晋三政権時の２０１７年1月23日に、経済産業省の産業構造審議会通商・貿易分科会安全保障貿易管理小委員会中間報告で「みなし輸出管理」と「対内直接投資規制の見直し」への対応の必要性が提言され、それは同年の5月24日に関連する外国為替及び外国貿易法改正へと結実した。さらには２０１９年10月8日には、同小委員会の中間報告で「対内直接投資管理」「輸出管理」「機微技術流出防止策・技術力強化策」の強化の必要が提言され、それが外国為替及び外国貿易法改正に繋がった。

２０２０年4月1日には、内閣官房国家安全保障局に経済班が設置されている。政府の内部のみならず、自民党においても、政務調査会・新国際秩序創造戦略本部提言の報告書として、「『経済安全保障戦略策定』に向けて」が発表された。[5] そこでは「戦略的自律性」と「戦略的不可欠性」を増していくことの重要性が指摘され、この2つの概念がその後の日本における経済安全保障政策を考える上での柱となっている。これらは、経産省や、国家安全保障局、さらには首相官邸や自民党という、政治的および戦略的な意図に基づくイニシアティブといえる。また、これらは米中対立の熾烈化という国際環境の変容への対応の必要に基づくものでもある。

他方で、同時並行的に、それらとは異なる系譜からの経済安全保障への取り組みも見られるようになっていた。すなわち、２０２１年6月の「経済財政運営と改革の基本方針２０２１」(骨太方針)、そして同年の「統合イノベーション戦略２０２１」において、日本の経済成長戦略や科学技術イノベーション戦略の一環として、「経済安全保障」の発想が埋め込まれたのである。そこでは、科学技術とイノベーションを推進することによって、社会の「安全・安心」を確立するという思考から、経済安全保障に取り組む方針が示されている。先に述べたような、経産省が取り組んできた輸出入規制や対内直接投資規制などは、いわば「守る」ための経済安全保障である。他方で、経済成長戦略や科学技術イノベーション戦略のそれは、「育てる」ための経済安全保障である。大川信太郎は著書の中で、そのような2つの系譜の異なる法制化を、「規制法と促進法の2本立て」と称し、日本の経済安全保障関連法令の特質を描写している。[6]

3　経済安全保障推進法を超えて

２０２１年10月に成立した岸田文雄政権は、経済安全保障推進を政権の看板に掲げ、新たに経済安全保障担当大臣（初代は小林鷹之で、2代目は高市早苗）を設け、さらには閣僚級の経済安全保障推進会議の第1回会合を２０２１年11月19日に実施した。そこでは、第1に重要物資や原材料のサプライチェーンの強靭化、第2に基幹インフラ機能の安全性・信頼性の確保、第3に官民で重要技術を育成・支援する枠組み、そして第4に特許非公開化による機微な発明の流出防止が提示された。[7]これらが4本柱となり、本書の中でもしばしば触れられてきた通りである。そして、同月には経済安全保障法制に関する有識者会議を新たに設置して、4回の会合を重ねて、２０２２年2月1日に「経済安全保障法制に関する提言」を発表した。[8]その提言を受けて、政府内での検討が行われて、経済安全保障推進法が２０２２年5月11日に成立する。[9]

しばしば指摘されているように、この法律の中では、「経済安全保障」という用語は用いられていない。それゆえ、「経済安全保障」がいったい何なのかについて、不明確さや曖昧さが残っている。それについては本書の第1章の「経済安全保障とは何か」の中で、鈴木一人地経学研究所長がその概念の曖昧さや問題性にも言及しながら、検討を行っている。初代の経済安全保障担当大臣となった小林鷹之も、国会答弁の中で、経済安全保障という概念の確立した定義はないと説明しながらも、同時に「あえて分かりやすく申し上げれば、国家そして国民の安全を経済面から確保することと言えるのではないかと思います、それを定義と言うかどうかは別として」と説明している[10]。

２０２２年12月16日に閣議決定された、新しい国家安全保障戦略の文書の中では、「経済安全保障」の用語が含まれており、「我が国の平和と安全や経済的な繁栄等の国益を経済上の措置を講じ確保することが経済安全保障」であると定義されている[11]。このようにして、２０１９年から２０２２年までの3年ほどの間で、経産省、内閣府、国家安全保障局を中心に、経済安全保障についての取り組みが急速に進展するとともに、その裏付けとして２０２２年5月には経済安全保障推進法が施行されることになった。

このようにして、２０２０年の国家安全保障局における経済班の設置、２０２１年の「統合イノベーション戦略２０２１」における科学技術イノベーション政策を通じた「安全・安心」の確立という観点からの経済安全保障への取り組み、さらには２０２２年の経済安全保障推進法の公布と、国家安全保障戦略の一部としての経済安全保障への対応というように、日本の経済安全保障への取り組みは、安倍政権、菅政権、岸田政権と、政権を跨いで進捗してきた。

ただし、それで十分であるということを意味するわけではない。たとえば、小林経済安全保障担当大臣は、自らが尽力して成立に導いた経済安全保障推進法について「重要な一歩だが一歩に過ぎなく、今後もセキュリティ・クリアランス（職員採用時の適格性審査）やサイバー領域のアクティブ・ディフェンス（能動的防御）に向けた法整備、経済インテリジェンスの強化なども必要」と述べて、さらなる努力を促している(12)。

そして、小林の後任の経済安全保障担当大臣である高市早苗もまた、自らの講演の中でセキュリティ・クリアランス制度を確立する重要性を指摘して、「何が何でも法律にしてやると思っているセキュリティ・クリアランス制度について、お集まりいただいた皆さま、そして配信でご覧の皆さまに、味方になっていただきたい、応援していただきたい、その想いを込めて申し上げます」と伝えている(13)。というのも、日本の場合は「産業技術分野ではセキュリティ・クリアランス制度がない」のであり、「経済・技術・インフラ関係分野のセキュリティ・クリアランス制度」がないと、日本企業が重要技術に関連する国際共同開発に参画する際などに不利な立場になってしまうからだ。小林大臣も、高市大臣も、米中間でのデカップリングやデリスキングが進み、サプライチェーンのグローバルな再編が進行する中で、どのようにして日本経済が競争力をつけて、国民の「安全・安心」を確保できるかという観点から、さらなる法制化や、政策の立案が不可欠であることを強調している。

4 「自由で開かれた国際秩序」との調和の必要

このような、米中間の技術覇権競争から派生するデカップリングやデリスキング、そしてそれと連動するグローバルなサプライチェーンの再編の動きは、これまでの自由で開かれた国際秩序にも巨大な地殻変動をもたらしている。というのも、経済安全保障をめぐる各国の政策や、容易にポピュリズムに流され、自国の産業保護へと傾斜し、自国第一主義の動きに繋がっていくからだ。そしてそのことは、不可避的に、これまでの自由貿易体制やグローバル化の動きにも、多大な影響を及ぼすことであろう。まさに、パワー・エコノミックスの時代、地経学の時代に我々は生きているのだ。

そのことは、「新しい資本主義」のスローガンの下で経済安全保障に関連した法制化と政策を進める岸田政権の方針にも関係する問題である。鈴木一人は、それゆえ、「岸田政権における『新しい資本主義』の新しさとは、戦後一貫して続けられてきた自由貿易体制が曲がり角にさしかかり、経済的合理性だけを追求して経済成長を目指すことは安全保障上のリスクが大きすぎるため、経済安全保障を確立した上で経済政策を進めなければならない、という点になるのかもしれない」と的確に説明する。[14]

このように、「経済的合理性」と「安全保障上の合理性」が、必ずしも整合しない場合に、この2つのどちらを優先させるかという問題は、経済安全保障を考える際のきわめて重要な問いとなっている。それは、政府内でも省庁によってその均衡点の設定の方法が異なるであろう。また、政府が国民の安全を守るためにも「安全保障上の合理性」を重視するのに対して、民間企業が「経済的合理性」を追求すること自体は、一般的な傾向ということもできる。

岸田政権の下で、日本は従来の「自由で開かれたインド太平洋」構想を、「自由で開かれた国際秩序」へと地平を拡大しつつある。それは、ウクライナ戦争の勃発を受けて、日本が国際社会における法の支配を擁護するために、積極的な外交を展開していることと不可分一体となっている。「自由で開かれた国際秩序」を推進していく外交のイニシアティブと、経済安全保障を推進するための取り組みと、この両者の間の最適均衡点を見出すことが、これからの日本政府にとっての大きな課題となっているのだろう。

同時にまた、経済安全保障においてはその根幹において官民協力が不可欠となっており、政府の行動だけで対応可能な領域はきわめて限られている。だとすれば、官民パートナーシップ（public-private partnership）における官と民の調和を見出すこともまた、経済安全保障を考える際の考慮は不可欠となるであろう。

日本という国家は、「真空」の中に存在するのではなく、動きつつあり、変容しつつある国際社会の中に埋め込まれている。それゆえ不可避的に日本はそのような国際情勢から影響を受けるだろう。それとともに、受動的にそのような影響を被るのみならず、主体的に自らルール形成をして、「法の支配」を確立することもまた、重要となっている。「経済安全保障の時代」に生きる我々にとって、そのように整合することが難しく、調和が困難な複数の要請に対して、最も好ましい均衡点を見出すために、よりいっそうの知的な努力が求められている。

注

（１）船橋洋一『経済安全保障論――地球経済時代のパワー・エコノミックス』東洋経済新報社、１９７８年、２９３ページ。
（２）国際的な視座から、英語で書かれた日本の地政学的戦略、および経済安全保障政策については、Yuka Koshino and Robert Ward, *Japan's Effectiveness as a Geo-Economic Actor: Navigating Great-Power Competition*, IISS/Routledge, 2022を参照。
（３）鈴木一人「米中の技術覇権をめぐる問題」鈴木一人／西脇修編著『経済安全保障と技術優位』勁草書房、２０２３年、３-23ページ。
（４）日本における経済安全保障への政府の取り組みの歴史的な概観については、風木淳『経済安全保障と先端・重要技術――実践論』信山社、２０２３年、13-33ページ、村山裕三「日本の経済安全保障政策への展望」村山裕三編著、鈴木一人／小野純子／中野雅之／土屋貴裕著『米中の経済安全保障戦略――新興技術をめぐる新たな競争』芙蓉書房出版、２０２１年、２０７-２２９ページ、渡井理佳子『経済安全保障と対内直接投資――アメリカにおける規制の変遷と日本の動向』信山社、２０２３年、１８７-２０３ページを参照した。
（５）自由民主党政務調査会・新国際秩序創造戦略本部「『経済安全保障戦略策定』に向けて」２０２０年12月22日。https://www.jimin.jp/news/policy/201021.html
（６）大川信太郎『企業法務のための経済安全保障入門』中央経済社、２０２３年、10-11ページ。
（７）渡井（２０２３、前掲）１８９-１９０ページ。
（８）経済安全保障法制に関する有識者会議「経済安全保障法制に関する提言」２０２２年２月１日。https://www.cas.go.jp/jp/

seisaku/keizai_anzen_hosyohousei/dai4/teigen.pdf

（９）正式名称は、「経済施策を一体的に講ずることによる安全保障の確保の推進に関する法律（令和４年法律第43号）」である。
https://elaws.e-gov.go.jp/document?lawid=504AC0000000043

（10）第２０８回国会衆議院内閣委員会第11号、２０２２年３月23日国務大臣（小林鷹之君）答弁。大川（２０２３、前掲）４－５ページ。

（11）「国家安全保障戦略」２０２２年12月16日閣議決定。https://www.cas.go.jp/jp/siryou/221216anzenhoshou/nss-j.pdf

（12）地経学研究所、地経学研究所（ＩＯＧ）設立記念シンポジウム「危機の時代の地経学」２０２２年10月５日、虎ノ門ヒルズ。
https://apinitiative.org/symposium-221005/

（13）高市早苗「基調講演・経済安全保障を考える」『交詢雑誌〈増刊〉』Ｎｏ．６９５、２０２３年８月、15ページ。

（14）鈴木一人「岸田政権の『新しい資本主義』と『経済安全保障』——自由貿易体制の曲がり角に対応不可避」２０２２年７月18日、ニッポンドットコム。https://www.nippon.com/ja/in-depth/a07904/

補論1

経済安全保障１００社アンケート

――政府は企業とともに経済安全保障の実現を

富樫　真理子

筆者が証券アナリストとして日本の製造業を取材していた２０１０年代半ば頃までは、鍵となるコンポーネントや製品の中国での販売拡大や生産移管のニュースは後を絶たなかった。現地販売品の現地生産を進め、コスト競争力を高めることは、グローバル経済の必然的な結果のように思われた。しかし、わずか数年で、米中対立を発端とし、その「必然」は様変わりした。

ＡＰＩ（アジア・パシフィック・イニシアティブ）は、日本の経済安全保障上重要かつ敏感な日本企業１００社に対し、経済安全保障に関する課題やリスク、政府への期待や要望などに関し、２０２１年11月中旬から12月中旬に第１回アンケート[1]を、２０２２年11月中旬から２０２３年１月上旬に第２回アンケート[2]を実施した。

第１回アンケートで明らかとなったのは、企業の、経済活動の実態を踏まえつつ、地政学的な選択を明示し、適切なリスクをとり経営判断ができる環境整備をしてほしいという要望だ。第２回アンケートでは、企業が地政学リスクへの感度を高めるとともに、経済安全保障を念頭に置いた舵取りをしていることがより鮮明になった。政府に求められているのは、地政学的に不安定な時代にあっても日本の国益に叶う選択をし、また、国家安全保障と自由な経済活動の双方を両立させる経済安全保障政策を実現すること、つまり、「2つのバランス」をとることだ。さらに、規制・推進の議論を超えて、企業とともに日本の経済安全保障を実現することが求められていよう。

経済安全保障上の最大の課題を問うと、71・6%の企業が「米中関係の不透明性」を挙げ、前年（第1回）同様首位となった。実際に、事業に米中対立の「影響が出ている」企業は63・7%に上り、16・2%の企業がすでに「米中対立の板挟み」の状態にあると回答し、いずれも第1回比増。また、日本政府への期待を問うと、「企業利益確保を念頭に置いた政策決定」と「今後の法整備の方向性の明示」が2年連続最も回答数の多い結果となった。（アンケート結果に関する数値はすべて、回答企業が母数。使用する結果は特定の指定がない限り、第2回アンケートの結果とする）。

日本政府は２０２２年5月、経済安全保障推進法を通過させた。同法は、（1）国民生活に不可欠な「特定重要物資」の供給網強化、（2）金融など基幹インフラの安全確保、（3）官民協力による先端技術研究の推進、（4）特許の非公開制度の導入の4本柱で構成されるが、物資や技術の特定など、実質的な内容は大きく運用に依存する。日本の国益に叶う経済安全保障政策を築くことができるか否かは、同法の運用をはじめ、「2つのバランス」を政府がとり、企業とともに経済安全保障政策を築くことができるかにかかっていよう。

1　地政学リスクの事業影響は、すでに現実のものに

「現在、米中対立の影響は、貴社の事業に何らかの形で出ていますか」という質問に対し、63・7％の企業が「出ている」と回答した。また、「米中の板挟みになったことはあるか」という質問に対しては、16・2％の企業が「ある」と回答した。

経済安全保障関連規制の強化による全体の費用増に関しては、第1回アンケートでは58・2％の企業が「5％未満の増加」と回答、「全く増加していない」とした36・3％を大きく上回ったのに対し、第2回アンケートでは（経済安全保障推進法の施行等によって、全体費用は）「全く増加していない」が52％と最多となった。現段階での経済安全保障の取り組みへの投資が一巡した可能性が示唆される。興味深いのは、費用への影響は中国よりも米国による影響の方が大きいという点である。米中対立の事業影響を問われると（複数回答可）、「米国の規制強化（関税含む）によるコスト増」と回答したのが65・6％に上ったのに対し、「中国の規制強化（関税含む）によるコスト増」と回答したのは32・8％であった。その他、「サプライヤーの変更」が37・7％、「ウクライナ情勢を受けた対ロシア制裁によるコスト増」が27・9％、「売上減」が26・2％、となった。

米中それぞれで事業展開する上での留意事項を問うと、中国事業の場合、「地政学リスク」が

84・9％と、前年首位であった「中国政府の方針変更による事業存続リスク」の78・1％を上回った。続いて、「台湾有事を想定した対応」（72・6％）、「技術情報を含めた情報漏洩」（65・8％）となった。一方、米国事業の場合、前年3位であった「米国の中長期の対中政策の見通しづらさ」が60・0％と首位となり、「米国の中国企業排除の激化」（54・3％）、「サプライチェーンの混乱」（45・7％）と続いた。

2 企業は地政学への感度を高めている

ロシアのウクライナ侵攻から約9カ月後の実施となった第2回アンケートで際立った特徴は、企業が地政学への感度を高めていることだ。経済安全保障への取り組みの課題を問うと、65・4％の企業が「国際情勢に関する情報収集」と回答した。ロシアによるウクライナ侵攻とこれに伴う対露制裁の事業影響の有無については、83・8％の企業が「影響が出ている」と回答した。その一方で、経済安全保障への取り組みにおける課題について、50・6％の企業が「台湾有事を想定した対応」と回答し、「ウクライナ情勢に伴う対露制裁の不透明性」と回答した22・2％を大きく上回った。中国と台湾への日本経済のエクスポージャーの高さに加え、2022年夏に行われた中国による台湾海峡周辺での大規模軍事演習等に見られる米中間の緊張の高まりにより、テールリスクとしての台湾有事が強く意識されていることがうかがえる。

多くの企業にとって米中はともに重要市場であるが、第1回と比べ、第2回アンケートでは、企業が選択を迫られている様子が読み取れる。中長期での中国の売上比率目標に関する質問に対しては、「増やす目標がある」と回答した企業は25・8%と、前年の33・3%より減少。一方、米国に関する同様の質問に対しては、「増やす目標がある」と回答した企業が43・5%と、前年の41・9%より微増となった。また、中国の売上比率を「減らす目標がある」と回答した企業は、第1回ではゼロであったのに対し、第2回では4・5%となったことは注目に値しよう。

3　企業は中長期的な事業環境の安定を求めている

企業の優先事項は明確だ。「米国事業か中国事業かを選ばなければならないと仮定した場合、その選択のための意思決定の判断軸は何ですか」という質問に対し、56・8%の企業が「事業の将来性」と回答。「現在の利益比率」12・2%、「現在の売上比率」9・5%、「現在の利益率」8・1%を抑え、圧倒的多数となった。また、「今後、日本の経済安全保障推進法の施行内容が具体的に示されていく場合、貴社の事業において一番影響を受けることが予想される事項は何ですか」という質問には、69・9%の企業が「中長期的な事業計画」と回答、「売上」（15・1%）、「利益」

（15・1％）、「経費」（13・7％）を大きく上回った。中長期的な事業性に重きを置く姿勢は前年の結果より一貫しており、事業活動の本質を示している。

経済安全保障における不可欠性の基礎は自国の強みであるが、「日本の強みを最大限、生かすにはどうすれば良いと思いますか」という問いに対しては、「モノづくりの競争力優位の保持」（38・0％）、「国内政治の安定と平和な国際環境の維持」（32・9％）、「エネルギー問題への対応強化」（13・9％）が上位回答となり、自律性と不可欠性は相互補完的とする見方が示唆される。また、経済安全保障を超え、日本が強化するべき取り組みについては、「アジア太平洋における日本のリーダーシップと信頼」（37・2％）、「日米同盟の維持・強化」（35・9％）、「G7先進国首脳会議における日本のリーダーシップの発揮」（16・7％）が上位となり、米国・西側との連携を軸として国際的なリーダーシップをとることが期待されている。

4　日本政府に求められる2つのバランス

経済安全保障における「政府への期待」に関する質問では、28・7％が「今後の法整備の方向性の明示」、20・0％が「企業利益確保を念頭に置いた政策決定」、20・0％が「今後の推進法施行に関する具体的内容の明示」と回答した。政府がこれらを実現するには、2つのバランスをとることが求められている。

1つ目は、米中をはじめとした地政学のバランスだ。企業にとっては、米中市場はともに重要であり、政府は企業が板挟みになることを極力回避せねばならない。98・8％の企業が経済安全保障を意識していると回答した一方で、今後の中国の売上比率目標を問われると、25・8％の企業が、「増やす目標がある」と回答したことは、「経済安全保障強化＝中国排除」という単純な構図ではないということを示している。

2つ目は、安全保障と経済活動のバランスをとることだ。経済安全保障強化と企業利益拡大は、ビジネスの前線では矛盾しうる。経済安全保障推進法に関する国会答弁では、繰り返し、自由な経済活動が原則であり、今回の法律は企業への支援と規制の両側面を持つことが強調された。しかしながら、政府の経済安全保障に関する措置はそもそも、企業活動を制限、規制、変更させる、自由な企業活動に反する権力行使という側面を持つため、政府はこの点を十分理解した上で、政府が経済安全保障のために規制する範囲を明確にし、それを企業に示していく必要がある。

5　企業の取り組みは進展、セキュリティ・クリアランス制度が喫緊の課題

不透明な状況の中でも、企業はすでに具体的な取り組みを始めている。88・9％の企業が、経済

安全保障の取り組みを「（２０２２年5月に可決した経済安全保障）推進法施行前から行っている」と回答した。具体的な取り組みとしては、「情報管理の強化」が75・0％、「サプライヤーの変更や多元化」が51・4％と最も多く前年同様だが、「投資計画の変更」が27・8％、「販売先の変更や多元化」が25・0％と続き、取り組みの進展がうかがえる。

また、技術管理は発展途上のようだ。「従来からの技術管理、輸出管理に加え、技術漏洩防止のための新たな取り組みをしていますか」という質問に対し、「推進法施行前からしている」と回答した企業は77・5％に上ったが、その具体的内容と問うと「サイバーセキュリティの強化」が78・6％の回答を得た一方で、「技術管理の枠組みの再考」「取引先の精査」「技術管理の対象範囲の拡大」「推進法の施行に関する情報の収集」「提携先の精査」はそれぞれ3～4割程度に留まった。高度技術情報に触れる人材管理に関しても、「高度技術情報に触れる社内の人材を部署ごとに把握、管理している」が44・3％と最も多く、「退職者も含め、高度技術情報に触れる人材を把握し、管理している」企業は10％以下に留まった。

第2回アンケート結果で、最も特徴的であった結果の1つが、セキュリティ・クリアランス制度への意識の高まりだ。75％の企業が、日本にセキュリティ・クリアランス制度が必要だと感じており、同制度がないことによって参画することができなかった案件や会議に関しては、「これまでなかったが、将来的に参画できないことが予想される」と回答した企業は54・8％に上り、最多となった。参画することができなかった案件や会議が「これまでもなく、今後も特に想定されない」

と回答した企業は42・5%に上ったが、そもそも案件の存在を知ることができていない可能性も示唆される[3]。

政府が企業との対話を深め、方針を明示することも、喫緊の課題だ。企業は、経済安全保障推進法の施行や、政府からの指示を必ずしも待たずに動き始めている。経済安全保障に与した体制整備のみならず、国内生産体制の拡充等のニュースが増える中で、政府は、企業が必要以上にリスク回避傾向に陥り、必要以上に国内生産に回帰するリスクを鑑みるべきだ。本アンケートの結果のみで必要以上か否かの判断はし難いが、第1回で0であった、中国の売上比率を「減らす目標がある」と回答した企業が、第2回では4・5%となったことは、見過ごすべきではないだろう。企業が、政府の曖昧な姿勢からリスク回避傾向に陥り、萎縮してしまっては、経済安全保障の根幹とも言える経済力が損なわれてしまう。経済安全保障は、安全保障と経済力の源泉である企業利益という矛盾しうる両国益の上に成り立つ。

6　政府と企業が当事者、官民連携を次のレベルへ

日本政府には、米中双方との安定した関係構築、安全保障と経済活動という「2つのバランス」を追求することが求められている。また、企業には、当事者としてより積極的に政策形成に関与し

ていくことが求められる。この両過程で、政府と企業のより真摯な対話と、より密接な連携が不可欠だ。経済安全保障は、伝統的な安全保障と異なり、企業が主たるプレーヤーである。第2回アンケートでは、企業が地政学への感度を高め、経済安全保障の取り組みを進展させるとともに、経済安全保障を経営判断の基礎に織り込み始めるなど、地経学プレーヤーである点が如実に現れた結果となった。日本の経済安全保障の最適解を見つける方法は、政府と企業とで連携を深めるほかない。

日本の国益に叶う経済安全保障政策の実現には、より密接な官民連携はもちろん、両者が当事者意識を持つ、次のレベルに達することが必要だ。政府は、省庁間の利害を超え、真に日本の国益となる選択をし、また、規制は〝お上の取り締まり〟であってはならない。政府は企業利益が経済力という国益の根幹であることを踏まえ、企業が萎縮しないような経済安全保障推進法の運用をするのみならず、対話と理解を深める必要がある。また、企業は、日本の経済安全保障政策は、自らを守り成長させるためのものであり、政策形成に積極的に関わらなければならないという当事者意識を持つ必要がある。企業も、国や他の機関の情報も利用することで、外交政策を持つべき時代が、すでに到来している。

参考

・経済安全保障１００社アンケート　特集ページ

https://apinitiative.org/economic-security-survey/

・２０２１年アンケート　集計結果

https://apinitiative.org/2021/12/24/30696/

・２０２２年アンケート　集計結果

https://apinitiative.org/GaIeyudaTuFo/wp-content/uploads/2023/05/economic-security-survey_web.pdf

注

（１）富樫真理子「日本の主要１００社が答えた『経済安全保障』の本音——アンケートで見えた政府に求められる２つの均衡」、東洋経済ＯＮＬＩＮＥ、２０２１年12月24日。https://toyokeizai.net/articles/-/478683

（２）「２０２２ 経済安全保障１００社アンケート」地経学研究所、２０２３年５月。https://apinitiative.org/GaIeyudaTuFo/wp-content/uploads/2023/05/economic-security-survey_web.pdf

（３）同上。

補論２

海外から見た日本の経済安全保障の議論

――アデルフィー・シリーズ刊行の背景

越野　結花

１　日本の安全保障政策イメージ

戦後の日本は、軽武装で経済成長を最優先課題とした「吉田ドクトリン」を維持し、軍事的手段ではなく経済的手段によって国益を追求してきた。中国の軍事的・経済的台頭により、インド太平洋地域の安全保障環境が悪化し、台湾有事等が想定され得る現在に至っても、防衛費は対ＧＤＰ比１％程度に抑えられ、経済的手段による対応にとどまっている。

２０２２年12月に戦略三文書が発表されるまで、日本の安全保障政策に関して上記のようなイメージを持つ者が各国の政策関係者の中に多かった。筆者が２０１６年から２０１９年まではワシントンＤＣを拠点に、その後２０２０年末から２０２１年までは初代ＡＰＩ（アジア・パシフィック・イニシアティブ）松本・佐俣フェローとして２０２２年から２０２３年末まで正規職員として英国ロンドンに本拠地のあるＩＩＳＳ（International Institute for Strategic Studies：国際問題戦略研究所）における日本部の新規立ち上げメンバーとして、日本の外交・安全保障政策について海外各地の要人に活発にブリーフィングを行い、意見交換を行ってきた際に感じたことだ。

日本は憲法第9条により軍事的手段によって国益を追求することに制約がある。しかし、日本は「積極的平和主義」を掲げた第2次安倍晋三政権の下で安全保障体制を強化し、国家安全保障会議の設置や、安全保障法制の整備、集団的自衛権の限定行使容認や、宇宙・サイバー等の新領域における防衛力強化、日米及び豪州や英国等の同志国との安全保障連携を積極的に推進してきた。安全保障を米国にフリー・ライドしている、と揶揄される時代は、10年前に終わったのである。続く岸田政権による戦略三文書の発表や「防衛力の抜本的強化策」、２０２７年までの防衛費対ＧＤＰ比2%目標はまさに歴史的な転換期を示している。

このように安全保障を強化しながらも、近年の日本は安倍政権の下での「アベノミクス」や岸田政権の下での「新しい資本主義」等を旗印に経済の立て直しを優先課題とし、また、対外的にはインド太平洋地域において自由貿易の多角的なルール作りを推進し、質の高いインフラの輸出を目指し、重要・新興技術の保護・育成に向け、同志国との連携を強化するなど、経済分野に注力してきた。これは、地政学的な競争の主戦場が経済及び技術分野にあるためだ。台頭する中国は軍事的な脅威としてのみならず、戦後米国が主導したリベラルなルールに基づく国際経済的秩序にも挑む地経学パワーとして、日本の安全保障を脅かし始めているためである。

資源もエネルギーも他国からの輸入に依存している日本は、過去の歴史を振り返っても、常に経済安全保障（経済と安全保障が密接に関わる政策分野）を意識せざるを得なかった。１９７０年代に、２度の石油危機による経済的大打撃を受けて以降、エネルギー供給の多角化を進めてきたのは良い例である。１９８０年代以降の日米貿易摩擦の経験も大きい。日本の対米貿易黒字や半導体の技術力・生産能力の高まりが、米国に脅威として映り、安全保障の基盤である日米同盟をも揺るがす事態となり、日本が輸出自主規制等の制限を強いられた。

21世紀に入ってからは、自由で開かれ、公正なルールに基づく国際経済秩序を一方的に変更しようとする中国への対応策として、日本は経済安全保障を本格的に議論することになった。２０１０年9月7日に尖閣諸島沖で中国漁船と海上保安庁の巡視船が衝突した事件では、日本政府が中国人船長を拘束したことに対し、中国は対日レアアース輸出を2カ月停止するという経済的恫喝（economic coercion）を行って対抗した。このことは日本にとって、中国への経済的依存がもたらし得るリスクを目の当たりにする、最初の大きな衝撃だった。

その後、中国は矢継ぎ早に地経学的な影響力を拡大させた。「一帯一路」政策を打ち出して、アジアの連結性を図り、「中国製造２０２５」の産業政策の下、５Ｇや半導体、ロボティクス、ＡＩ等、今後の経済発展を方向付けるハイテク分野の国際標準化プロセスを主導し、世界的な普及も目指している。海洋上の戦略的拠点へのインフラ投資を行い、「軍民融合（military-civil fusion）」政策によって、民生の先端技術の軍事転用も進めており、安全保障上の懸念が日米で高まっていった。

さらに、２０１７年頃から本格化した米中の戦略的競争や、２０２０年以降の新型コロナウイルスによるパンデミックをきっかけとして、戦略産業のサプライチェーンの強靭化や中国の経済的恫喝への対応策に取り組む経済安全保障の議論が、日米を超えて欧州やアジア地域でも始まった。たとえば英国は、２０２１年３月の統合レビューで「中国と英国はともに二国間の貿易と投資から利益を得ているが、一方で中国は英国の経済安全保障にとっての最大の国家的脅威である」と明記し、続く２０２３年の統合レビュー・リフレッシュで対策を具体化した。欧州委員会も２０２３年６月にＥＵ初の経済安全保障戦略を発表した。

2 日本への注目

このように経済安全保障への関心が世界各地で高まるとともに、長年「経済安全保障」を先がけて追求してきた日本は、他国から高い注目を集めることになった。２０２２年２月24日にロシアがウクライナに侵攻を開始したことで、エネルギー・食糧安全保障と脱ロシア依存が、自国経済の安定という点でも、ロシアに対抗する戦略上の手段としても各国にとって顕在化した喫緊の課題となった。

実際、ドイツは２０２１年時点で石油の34％、天然ガスの55％をロシアに依存しており、85％超の原油を輸入に依存するインドも、２０２１年に通年で４０００万バレルの原油をロシアから輸入している現状のため、対ロ経済制裁への参加を躊躇している。各国で経済安全保障が安全保障政策の重要な柱として検討され始めると、この分野で日本が過去にとってきた措置にヒントがあるのではないかと、関心が高まった。

たとえば、英独は在京大使館に経済安全保障担当官を配置したり、日本のアプローチへの理解を深めるために他国外交官との勉強会を定期的に開催したりしている。ＩＩＳＳも、経済安全保障推進法が通過した翌日の２０２２年5月12日に小林鷹之経済安全保障担当大臣を招いたオンラインイベントを開催したが、日欧で時差があるにもかかわらず、欧州を含めた海外からの関心は非常に高くＩＩＳＳ史上最多の参加登録者数の記録を更新した。

日本への関心が高まる中、日本は自国の経験や知見を他国に多く提供できると見込まれるが、これまで日本の地経学的戦略や経済安全保障の歴史や変遷について英語で分かりやすくまとめた本がなかった。そのギャップを埋めるために、２０２２年3月28日に、筆者は初代ジャパン・チェアのロバート・ウォードとともにＩＩＳＳの戦略研究及び国際政治、諸政策に貢献する研究所独自の主要な書籍シリーズである「アデルフィー・シリーズ」に寄稿し、『Japan's Effectiveness as a Geo-economic Actor: Navigating Great Power Competition』を執筆した。この中で、日本が米中大国間競争の下で、中国に対峙する国としていかにして他国に先駆けて地経学的戦略を考え始め、遂行してきた革新的な地経学的パワーであるかを論じた。

地経学的戦略とは、「外交政策上の目的を達成するため、またパワーを行使するために、経済的手段を用いる国策術」と定義できる。この著書でも「経済安全保障」を、安倍政権下で生み出された「自由で開かれたインド太平洋（ＦＯＩＰ）」構想と並ぶ、１つの重要な地経学的戦略概念として論じている。ＦＯＩＰは、２０１６年にアフリカ開発会議（ＴＩＣＡＤ）で日本が打ち出した外交構想であり、政治的・安全保障的な意義が注目されることが多いが、ルールに基づく経済秩序の維持発展、経済的連結性等を重要な柱としている点で、地経学的にも重要な概念である。

それでは特に世界で経済安全保障が注目され始めた２０２０年頃、一体、日本の経済安全保障政策の議論のどのような部分に注目が集まっているのであろうか。

１点目としては、目標設定の範囲の広さが挙げられる。２０２０年12月末に自民党がまとめ上げた提言や、岸田政権が打ち出した３つの目標も、機微技術の管理を強化することや、戦略的物資やエネルギー、基幹産業のサプライチェーンの強靭化等、防御的な措置によるリスク管理にとどまらない。研究開発強化による技術の育成・産業の育成や競争力の向上、通商・データ・技術標準化などで国際的なルール作りを推進するという、積極的な措置も強調している点で、他のＧ７諸国と異なっている。

たとえば、近年の米国の経済安全保障は、トランプ政権下で進められた貿易不均衡の是正、国内の戦略的産業育成という「米国第1主義」の流れを汲み、内向きな側面が強い。同政権は、５Ｇや半導体等の中国製ハイテク技術の排除のみならず、日欧の同盟国に対する鉄鋼製品やアルミニウムに対しても一方的な輸入制限措置を導入し、バイデン政権への交代以降も措置は完全には撤廃されていない。

欧州においても、中国製品が抱える安全保障上のリスクを共有しつつ、米国大手企業のＧＡＦＡ（Ｇｏｏｇｌｅ、Ａｐｐｌｅ、Ｆａｃｅｂｏｏｋ、Ａｍａｚｏｎ）が領域内で広く活動することも経済安全保障のリスクと捉え、「ＧＤＰＲ（ＥＵ一般データ保護規則）」やデジタル課税導入等の制限を導入し、保護主義的な特色があった。

２点目は、日本が省庁の垣根を超える、革新的な政策決定プロセスを生み出していることだ。２０２０年４月１日、国家安全保障会議の事務局である国家安全保障局の中に経済班が設立され、経済と安全保障がリンクをする政策分野を担当することになった。２０１９年秋、すでに経済班の「準備室」が設置されていたが、２０２１年10月の岸田政権発足後、経済安全保障政策が優先課題として格上げされ、経済安全保障大臣のポストが設置され、さらには、内閣総理大臣が議長を務める経済安全保障推進会議を設置して、第1弾としての経済安全保障推進法案をまとめ、発足後半年以内で国会を通過させたという異例のスピード感が注目された[1]。

各国政府は経済安全保障政策が重要であるという認識を共有していたとしても、扱う分野の裾野やアクターが幅広いだけに、各国内での省庁間のさまざまな利害衝突に苦戦をしている。国内の政治情勢が比較的安定的な日本との違いがさらにそれを困難にしているのだ。日本と同様、議院内閣制をとる英国では、内閣府が中心となって政策をとりまとめることができる。しかし、米国ではさらに大統領府と議会の調整が加わる。ドイツのように連立政権を組む国では、関連省庁の閣僚が異なる政党に所属しており閣内の調整が必要という課題もさらに加わるのだ。

　経済安全保障を進める上で鍵となる官民連携については、未知数であり、海外から過大評価をされてきた可能性がある。パンデミック初期の２０２０年４月には、中国に広がるサプライチェーンを国内回帰、あるいは、東南アジアに移転させるため、約２２００億円もの補助金を計上したが、主要産業によるその制度の利用は限定的であった。

　半導体や人工知能（ＡＩ）、量子技術等の先端技術分野における新たな補助金制度等を理由に、欧米の政府関係者や有識者からよく「日本は産業政策を行っていた通商産業省（ＭＩＴＩ）時代に戻るのではないか」と聞かれることが多いが、企業の投資を促すインセンティブになっているとは言い切れない。これら取り組みに民間企業からの参加を促すためには、民間における経済安全保障のリテラシーを上げる必要もあると、筆者は著書で論じた。この点は本を書いた時点に比べ大きく、改善されつつある状況であり、各社は「経済安全室」を置く等をして積極的に情報収集を始めている。

　３点目として、重要・新興技術の育成の実現性についても注目が集まった。まず、挙げられるのは人材不足である。日本は、宇宙、量子、ＡＩ（人工知能）、バイオ技術等の科学技術において国家戦略を打ち出して育成を図ってきたが、それら分野において重要な基礎人材であるはずの科学・技術・工学・数学（ＳＴＥＭ）分野では、ＯＥＣＤ諸国の中で、人材育成が最低水準であると示唆するデータも出ている（２０１９年の大学入学数）。

文部科学省科学技術・学術政策研究所によると、日本は人口１００万人あたりの博士号取得者数が米国、英国、ドイツ、韓国を大きく下回り、２００８年から18年にかけてこれらの国々の中で唯一減少傾向にある。また、２００７年から10年間で米国における日本人博士号取得者数も２７６人から１１７人に減少している。今後の経済成長やイノベーションの担い手であるはずの高度専門人材が著しく減少してきている深刻な問題に直面している。

また、２０２１年３月に採択された「第６期科学技術・イノベーション基本計画」は、国際共同開発を推進しているが、これらの分野は軍事転用も可能な「デュアル・ユース」でもある。米国では、ＤＡＲＰＡ（国防高等研究計画局）を通して国防総省が大学での研究を積極的に支援しているが、日本においては軍事目的のための科学研究を行わないとする日本学術会議の方針があり、かつ情報セキュリティの水準が欧米と比べて低いという制限がある中で、先端技術分野の国際共同研究・開発がどの程度可能か、課題が残る。この点も２０２３年時点では、内閣府や経済産業省、防衛省主導の各種プロジェクトが立ち上がっているが、各省の取り組みをいかに有機的に結びつけることができるか注視していきたい。

経済安全保障政策が重要であるという認識が高まることで、各国が自国経済の強靭性向上を優先し、内向きにさせるリスクも大いにある。しかし、サプライチェーンの強靭化、先端技術の保護・育成、エネルギー安全保障をはじめとした経済安全保障分野における喫緊の課題は、どれも一国では解決ができないものであり、国際連携が急務となる。

日本は、この分野において他国に先駆けて考えを深め、幾度の危機や他国による地経学パワーの行使に対して試行錯誤をしながら対応をしてきた国として、自らの知見と経験、ノウハウを欧米やアジア、世界に広く共有することができる。また、「自由で開かれたインド太平洋」構想という開かれた発想の下で、日本には同志国間の連携を促す積極的なリーダーシップが求められており、それが可能な立場にもいるのだ。

3 課題

日本は近年、日米や日英、日欧をはじめとした二国間、及び、日米韓や日米豪の三カ国間、またQUAD（日米豪印）の枠組みを活用して、閣僚・首脳レベルで経済安全保障分野における協力の推進を図ってきた。日米間では、経済産業省、外務省、米国国務省、米国商務省との間で次官級の経済版「2＋2」が開催され、具体的な協力体制の構築も進んでいる。2023年は、G7議長国として同志国で経済安全保障分野における協調を呼びかけ、G7として初めて「経済的強靭性及び経済安全保障に関するＧ７首脳声明」を出すことに成功した。インドやインドネシア、ブラジル、クック諸島、コモロ等、グローバルサウスの国にも招待し、積極的な関与を行ったことも評価できる。具体的な方針を合意する絶好の機会をも有しているのだ。

さらに、日本は連携を特に深めているＧ７の中で、唯一アジアの多角的で多様な経済圏に属しているため、アジアでの連携を舵とりする責任も大きい。11カ国が参加して世界のＧＤＰの約13％を占め、高い規律水準を誇るＣＰＴＰＰ（環太平洋パートナーシップに関する包括的及び先進的な協定、２０２４年後半に英国も正式加入予定）や、人口とＧＤＰが世界の約３割を占め、中国も含むＲＣＥＰ（地域的な包括的経済連携協定）等のメガ・貿易圏に主要メンバーとして入っているためだ。

しかし、経済安全保障分野の協力を主導し、また、他国が後に続くような１つのモデルを提供できるようになるには、課題も残る。

第１に、経済安全保障政策の政策決定プロセスが、急速に変化する国際情勢や技術革新にいかにしてアジャイルで柔軟に対応できるかだ。先に述べたように、現在の日本の政策は、地経学的パワーを行使する中国への対応策として、平時において長期的にとれる措置として検討されてきた背景があり、新興技術の保護・育成や戦略的物資のサプライチェーンの強靭化を中心に議論が発展してきた。しかし、パンデミックに続き、ロシアによるウクライナ侵攻では有事の際の政策検討が急務となり、世界ではエネルギーや食糧安全保障が緊急性の高い優先事項として取り組まれている。

国会を２０２２年５月11日に通過した「経済安全保障推進法」は岸田政権の目指す経済安全保障

政策の最初の枠組みを提供するものとして評価されるべきだが、食糧・エネルギー安全保障の分野は各省庁で行われている。台湾有事の現実味が増す中、緊急時における省庁間連携が有機的に行えるかは課題が残る。

第2に、米欧の同志国との連携を超え、いかにしてアジアの重要なパートナー国を巻き込むことができるかである。Ｇ７諸国との連携は重要であるが、今後世界の経済成長を牽引するのも、地政学の重心が置かれるのもインド太平洋地域だ。しかし、各国は安全保障のリスクを理解しながら、経済成長を追求することを最優先課題としている。ＡＳＥＡＮ諸国が中国製の5Gをはじめとしたデジタルインフラの導入を進めているのも、国際法に違反したロシアからインドが石油を輸入し続け、ロシアに対して明確な立場を示さないことも、そのような背景があるからだ。

アジアにおける安全性・信頼性の高いデジタルインフラの導入や、アジアにおける脱炭素化に向けた取り組みは、長期には重要であるが、差し迫った直近の目標や課題に対して日本や同志国がどのような魅力的な代替案を提示できるか、議論をさらに詰める必要がある。

第3に、地経学パワーの根幹をなす自国経済の安定と繁栄も重要な課題である。最近は中国リスクの高まりにより、グローバルな資金が日本に流れ、２０２４年3月4日には日経平均株価が史上最高値を更新し、４万円超えを記録し、いよいよ「失われた30年」が終わろうとしているが、少子高齢化による社会保障費の拡大で、ますます財政は圧迫されている。防衛費も2倍を目指す中、はたして日本は打ち出した政策を国内でも対外的にも、今後中長期的にデリバーするキャパシティがあるのか、懸念も残る。

日本は他国がモデルにできる経済安全保障の概念・テンプレートを打ち出すことができるのか。まとめる役を担うことができるのか。期待が高いがために責任も大きい。

注

（1）正式名称は、「経済施策を一体的に講ずることによる安全保障の確保の推進に関する法律」（令和4年法律第43号）。

【編者紹介】

国際文化会館地経学研究所

2022年7月に国際文化会館とAPI（Asia Pacific Initiative）の合併に伴い、国際文化会館内に設立された民間・独立のシンクタンク。経済安全保障、経済制裁、技術覇権など、地政学と経済が融合した「地経学」の枠組みで、幅広い課題に関して分析を行い、海外シンクタンク、国内外の政官財学のネットワークのハブとなっている。

【執筆者紹介】

船橋 洋一（ふなばし よういち）：序章
国際文化会館グローバル・カウンシル チェアマン、特別招請ジャーナリスト、API創設者

鈴木 一人（すずき かずと）：第1章
国際文化会館地経学研究所所長および経済安全保障グループ長、東京大学公共政策大学院教授

細谷 雄一（ほそや ゆういち）：第2章、終章
国際文化会館地経学研究所理事および地経学研究所欧米グループ長、API研究主幹、慶應義塾大学法学部教授

神保 謙（じんぼ けん）：第3章
国際文化会館地経学研究所常務理事（代表理事）、APIプレジデント、慶應義塾大学総合政策学部教授

村井 純（むらい じゅん）：第4章
国際文化会館顧問兼シニアフェロー（執筆当時）、慶應義塾大学教授、慶應義塾大学サイバー文明研究センター共同センター長、内閣官房参与

柴田 なるみ（しばた なるみ）：第5章
API研究員（執筆当時）

相良 祥之（さがら よしゆき）：第6章
国際文化会館地経学研究所主任研究員

大矢 伸（おおや しん）：第7章
欧州復興開発銀行東京事務所長

尾上 定正（おうえ さだまさ）：第8章
国際文化会館シニアフェロー、国際文化会館地経学研究所国際安全保障秩序グループ長

富樫 真理子（とがし まりこ）：補論1
国際文化会館地経学研究所客員研究員

越野 結花（こしの ゆか）：補論2
国際問題戦略研究所（IISS）アソシエイト・フェロー

経済安全保障とは何か

2024年5月28日発行

編　者――国際文化会館地経学研究所
発行者――田北浩章
発行所――東洋経済新報社
〒103-8345　東京都中央区日本橋本石町1-2-1
電話＝東洋経済コールセンター　03(6386)1040
https://toyokeizai.net/

装　丁………米谷　豪
ＤＴＰ………アイランドコレクション
編集協力……パプリカ商店
印　刷………港北メディアサービス
製　本………積信堂

ISBN 978-4-492-44475-7